WIENS
SANFTE ERNEUERUNG

VIENNA'S GENTLE
RENEWAL

Robert Sterk

WIENS SANFTE ERNEUERUNG

Wie Bewohner die Revitalisierung ihrer Stadt erleben

VIENNA'S GENTLE RENEWAL

How the inhabitants experience the revitalisation of their city

Mit Photographien von/With photographs by
Harald Eisenberger

und einem Beitrag von/and an essay by
Wolfgang Förster

Übersetzung ins Englische von/Translation into English by
James Roderick O'Donovan

CHRISTIAN BRANDSTÄTTER VERLAG

INHALT CONTENTS

Zum Geleit	*6 / 7*	Preface
Wolfgang Förster Stadterneuerung – der Wiener Weg	*9*	*Wolfgang Förster* Urban Renewal – the Viennese Way
Dach überm Kopf	*27*	A Roof over Ones Head
Nur Fliegen ist schöner	*35*	Only Flying is Better
Bücher, Puppen und Pawlatschen	*45*	Books, Dolls and Pawlatschen
Auf und ab	*55*	Up and Down
Wo Wien Kulisse ist	*63*	Where Vienna Resembles a Stage-set
Das Raumschiff	*71*	The Spaceship
Gemeinsam statt einsam	*81*	Together, Rather Than Alone
Vom glücklichen Leben über der Fabrik	*89*	A Happy Life above the Factory
Hochhaus der Legenden	*97*	A Legendary Tower Block
Freude am Leben	*107*	Enjoying Life
Und neues Leben blüht aus den Ruinen …	*115*	And New Life Blossoms From Among the Ruins …
Wiener Stadterneuerung – Daten und Fakten	*125*	Urban Refurbishment in Vienna – Dates and Facts
Danksagung	*143*	Acknowledgements

ZUM GELEIT

Lebensqualität hängt eng mit Wohnzufriedenheit zusammen. Deshalb forciert die Stadt seit Jahren die Wohnhaussanierung. So wurden in den letzten fünf Jahren hunderte Wohnhäuser saniert – gefördert mit insgesamt 1,3 Milliarden Euro. Damit wurden mehr als 58.000 Wohnungen „rundumerneuert" und wärmegedämmt: Jedes Jahr erhalten durchschnittlich mehr als 10.000 Familien Wohnungen in Häusern, die auf den neuesten Stand gebracht worden sind. Diese Sanierungen erfolgen auf „sanfte" Art und Weise. Denn im Gegensatz zu vielen anderen Städten verbleiben die Mieterinnen und Mieter während der Arbeiten in ihren Wohnungen.

Die Wohnhäuser sehen durch die Sanierung nicht nur wie neu aus, es wird auch tatsächlich Vieles neu gemacht, was zum Zeitpunkt der Errichtung der Häuser noch nicht möglich oder üblich war. Im Altbau werden unter anderem Lifteinbauten vorgenommen und die Leitungen erneuert, im Nachkriegsbau erfolgt die Sanierung im Wesentlichen durch die Wärmedämmung und die Verbesserung der Heizsysteme. So bieten neue Fenster weitaus besseren Schall- und Wärmeschutz, auch die neuen Wärmedämmungen an den Außenwänden verringern den Energieverbrauch. Viele Häuser werden im Zuge der Sanierung zudem mit einer separaten Brauchwasserleitung versehen, um Trinkwasser zu sparen.

Die Stadt fördert auch spezielle Energiesparmaßnahmen – und das aus guten Gründen: werden doch die Energiekosten für die Mieter deutlich gesenkt, die Umwelt und das Klima entlastet, weiters setzt Wien damit einen wichtigen Beschäftigungsimpuls für die Bauwirtschaft und das Baugewerbe. 300 Wohnbauten mit insgesamt 45.000 Wohnungen wurden und werden durch thermisch-energetische Wohnhaussanierungen von „Energiefressern" zu energiesparenden Wohnbauten. Das Einsparpotential für die Mieter ist sehr hoch. Ein wärmegedämmtes Wohnhaus verbraucht im Durchschnitt um 50 % weniger Energie für Raumwärme als ein Haus ohne Thermo-Fassade. Das schont die Geldbörse der Mieterinnen und Mieter und entlastet die Wiener Luft.

Die „Wiener sanfte Stadterneuerung" ist international anerkannt. Von der UNO als „Best Practice"-Modell ausgezeichnet und von der EU als vorbildlich tituliert, findet dieses bewährte Modell immer mehr Aufmerksamkeit in aller Welt.

Dieses Buch zeigt anhand einiger typischer Beispiele die Vielfalt dieses Sanierungsprogramms, das dazu beiträgt, dass Wien eine der beliebtesten Städte der Welt ist.

Bürgermeister Dr. Michael Häupl
Wohnbaustadtrat Werner Faymann

PREFACE

Our quality of life is closely linked to our degree of satisfaction with our living conditions. For this reason the municipal authorities in Vienna have for years promoted the renewal of the city's housing stock. In the last five years hundreds of buildings have been renovated – subsidised to the extent of 1.3 thousand million euro. More than 58,000 dwellings have been renovated "from top to bottom" and thermally insulated. Every year on average more than 10,000 families receive flats in buildings that have been brought completely up to date. These renovations are carried out in a "gentle" manner. In contrast to many other cities, in Vienna tenants are able to stay in their homes during renovation work.

The renewal work not only means that the housing blocks look new, many new features are added that were either not possible or were not standard items at the time the buildings were erected. In old blocks of flats, for example, lifts are inserted and the service runs are completely renewed. In the post-war housing blocks the renovation consists primarily of thermal insulation and improvements to the heating system. For instance: new windows offer improved acoustic and thermal insulation values, while insulation material applied to the external walls reduces energy consumption. In the course of the renovation many buildings are equipped with a separate greywater system, which saves drinking water.

The City also subsidises energy saving measures – for very good reasons, as such measures mean a noticeable reduction in energy costs for the tenants while also benefiting the environment and the climate. Additionally Vienna here provides an important impulse for employment in the construction and associated industries. 300 blocks of flats with a total of 45,000 dwellings have been transformed through thermal energy building renovation from "energy eaters" into energy-saving residential buildings. The potential savings for the tenants are remarkable. A thermally insulated residential building uses on average 50 per cent less heating energy than a building without an insulated façade. This benefits both the tenants' budget and also the quality of the air in Vienna.

"Viennese gentle urban renewal" is internationally acclaimed. Awarded a UNO prize as a "Best Practice" model and praised by the EU as exemplary, this tried and tested model is attracting increasing attention throughout the world.

This book uses a number of typical examples to demonstrate the range of this refurbishment programme that contributes to making Vienna one of the best-loved cities in the world.

Dr. Michael Häupl, Mayor of Vienna
Werner Faymann, Executive City Councillor for Housing, Housing Construction and Urban Renewal

STADTERNEUERUNG – DER WIENER WEG

**Unter der scheinbaren Unordnung der alten Stadt herrscht,
wo immer die alte Stadt erfolgreich funktioniert,
eine wunderbare Ordnung, welche die Sicherheit der Straßen
und die Freiheit der Stadt gewährleistet.
Es ist eine komplexe Ordnung. (...)
Diese Ordnung setzt sich aus Bewegung und Wechsel zusammen,
und obwohl es sich um Leben handelt, nicht um Kunst,
könnten wir sie als die Kunstform der Stadt bezeichnen ...**

Jane Jacobs, 1961

Stadterneuerung gibt es, seitdem es Städte gibt. Schon immer waren diese gezwungen, sich neuen wirtschaftlichen, kulturellen und politischen Rahmenbedingungen anzupassen. Die europäische Stadt nahm diese Entwicklungen auf, lieferte sich ihnen aber nie völlig aus; neue Schichten städtischen Lebens überlagerten die älteren, ohne diese komplett zu zerstören. So präsentiert sich die europäische Stadt heute als Bilderbuch gesellschaftlicher Strukturen und ihrer Veränderungen, zugleich aber auch der Widerstände gegen diese. Stadterneuerung, ob geplant oder zufällig, ob öffentlich reguliert oder rein privatwirtschaftlich, ist nur ein anderer Ausdruck für solche Strukturveränderungen und für die stete Gratwanderung zwischen Modernisieren und Bewahren, die Europas Städte – im krassen Unterschied etwa zu den asiatischen Metropolen – prägt.
Wenn Stadterneuerung heute dennoch als relativ neues und zudem von der gesamtstädtischen Entwicklung scheinbar abgekoppeltes Phänomen empfunden wird, so liegt dies vermutlich primär am zunehmenden Tempo der sich in den Städten manifestierenden gesellschaftlichen Umwälzungen. Globalisierung und internationale Verflechtungen setzen Europas Großstädte heute mehr denn je unter Zugzwang: einerseits müssen sie in der zunehmenden Städtekonkurrenz bestehen und – z. B. durch Deregulierung – die notwendigen wirtschaftlichen Rahmenbedingungen schaffen; andererseits war und ist

URBAN RENEWAL – THE VIENNESE WAY

***Under the seeming disorder of the old city,
wherever the old city is working successfully,
is a marvellous order for maintaining the
safety of the streets and the freedom of the city.
It is a complex order. (...)
This order is all composed of movement and change,
and although it is life, not art,
we may fancifully call it the art form of the city ...***

Jane Jacobs, 1961

For as long as there have been cities urban renewal has existed. Cities have always been forced to adapt to new economic, cultural and political circumstances. The European city reacted to these developments without ever submitting itself entirely to their dictates; new layers of urban life were placed over the old ones, without completely destroying them. Consequently, the European city today presents itself as a picture-book example of social structures and the changes they undergo but also of resistance to such changes. Urban renewal, whether planned or accidental, whether officially regulated or purely private, is just another expression of such structural change and of the permanent tightrope walk between modernising and preserving which shapes European cities, in complete contrast to Asian metropolises, for example.
If urban renewal is still seen today as something relatively new and, furthermore, if it is generally understood as a phenomenon apparently detached from the overall development of the city, the reason for this lies primarily in the increasing tempo of the social restructuring now taking place in cities. Globalisation and international links are placing European cities under greater pressure to respond than ever before: on the one hand they must survive within the context of the increasing competition between cities and must create the requisite economic frameworks – for example through deregulation – while on the other hand it has always been and still remains an objective of urban renewal to preserve the specific cultural ambiance, without,

es Aufgabe der Stadterneuerung, das spezifische kulturelle Erbe zu bewahren, ohne dadurch eine Stadt zu „musealisieren“ oder soziale Verdrängungsprozesse auszulösen. Nicht alle Städte in Europa – und noch weniger außerhalb Europas – haben diese Aufgaben wirklich bewältigt. Wien ist anders, auch und gerade in der Stadterneuerung.

Das Erbe der Gründerzeit

Nicht zufällig wird Stadterneuerung in Wien meist – wenn auch verkürzt – mit der Sanierung der Gründerzeitviertel gleichgesetzt. Ende des 19. Jahrhunderts befand sich Wien als Residenz- und Hauptstadt eines 50-Millionenreichs städtebaulich auf dem Höhepunkt; innerhalb von 50 Jahren hatte sich die Stadt von rund 400.000 auf mehr als 2 Millionen Einwohner verfünffacht; die Mehrheit dieser Zuwanderer kam aus den östlichen Kronländern der Donaumonarchie. Die wirtschaftliche Entwicklung, ausgelöst durch den Aufstieg des Bürgertums nach dem Revolutionsjahr 1848, drückte sich in einem gigantischen Stadtumbau aus. Dem Abbruch der Stadtmauern, die Wien von seinen Vorstädten getrennt hatten, folgte die glanzvolle Anlage der Ringstraße, deren historistische Bauten den Anspruch des Bürgertums auf Repräsentation und Geschichte betonten. Gleichzeitig erfolgte ein großzügiger, auf weiteres Wachstum ausgelegter Ausbau der technischen Infrastruktur. Gegen den Historismus rebellierte Ende des 19. Jahrhunderts die Secession, Wiens Variante des Jugendstils. Sie bescherte der Hauptstadt des Habsburgerreichs einen letzten glanzvollen Höhepunkt, der von einem Aufbruch der Künste und der Wissenschaften begleitet war. Historismus und Jugendstil prägen bis heute das (Selbst-)Bild der Stadt.
Aber natürlich gab es auch ein anderes Wien, das ein flüchtiger Besucher kaum zu Gesicht bekam: jenes der Armut in den Vororten, wo sich die Zuwanderer aus den östlichen Reichsgebieten in den „Zinskasernen“ konzentrierten. Wohnungsbau wurde, von wenigen Renommierprojekten abgesehen, ausschließlich dem privaten Kapital überlassen. Der Staat verzichtete zudem auf jede Form des Eingriffs in die Mietverhältnisse; Mieten konnten jederzeit beliebig erhöht werden. Typisch für Arbeiterhaushalte waren Einmonatsverträge, die weite Teile der Bevölkerung zu „Nomaden“ machten. Nicht weniger als 95 % aller Wohnungen verfügten um die Jahrhundertwende weder über WC noch Wasser-

in the process, either making a museum of the city or instigating social segregation. Not all cities in Europe – and even fewer of those outside Europe – have successfully handled this task. In the area of urban renewal, as in so many others, Vienna is different, as it says in the advertising campaign for the city.

The Gründerzeit Inheritance

It is not by chance that urban renewal in Vienna is, admittedly somewhat restrictively, equated with the rehabilitation of the Gründerzeit (late 19th century) districts. At the end of the 19th century Vienna, as an imperial residence and capital of an empire with a population of 50 million, reached an urban highpoint. Within the space of 50 years the population had increased more than five-fold, from around 400,000 to over 2 million inhabitants. The majority of the immigrants came from the eastern regions of the Danube Monarchy. The economic development that resulted from the rise of the bourgeoisie after the revolution in 1848 was expressed in a gigantic re-planning of the city. The demolition of the old city walls that had separated the inner city of Vienna from its suburbs was followed by the impressive layout of the Ringstrasse, whose historicist buildings reflected the bourgeoisie's aspirations in terms of representation and history. At the same time a large-scale development of the urban infrastructure was undertaken to provide for future growth. At the end of the 19th century the Secessionist movement rebelled against Historicism and provided Vienna with its own particular variation of Jugendstil. It gave the capital of the Hapsburg Empire its last glorious highpoint that was accompanied by upheavals and discoveries in the areas of art and sciences. Up to the present day Historicism and Jugendstil still determine the (self) image of the city.
But there was naturally another side of Vienna that the visitor who came for only a few days hardly ever saw: this was the poverty in the suburbs where the immigrants from the eastern regions of the empire were concentrated in tenement blocks, the so-called Zinskasernen (lit. rent barracks). Apart from a few model projects housing was almost entirely provided by private capital. The state rejected any form of intervention in rent legislation; rents could be raised at any time and by any amount. Typical for working class households were monthly rental contracts that made large numbers of the population into nomads. At the turn of the century no less than 95 % of the dwellings had neither a WC nor running water and

Karikatur auf die Wohnungsnot in Wien, Lithographie, 1872

Caricature of the housing shortage in Vienna, lithograph, 1872

anschluss und bestanden lediglich aus Küche und einem Zimmer. In solchen Kleinstwohnungen „wohnten" nicht selten mehr als zehn Personen, zudem wurden noch Bettgeher aufgenommen. Äußerlich freilich imitierten diese Mietskasernen die Prunkfassaden der Ringstraßenpalais: der Architekt Adolf Loos sprach daher von einer „Potemkinschen Stadt".

Tausende Obdachlose schliefen in Notquartieren und sogar im Kanalsystem. Die Wohnsituation in Wien war nach internationalen Vergleichen die schlechteste in Europa. Dies konnte nicht ohne Auswirkungen auf die Gesundheit ihrer Bewohner bleiben – Tuberkulose hieß damals nicht zufällig auch „Wiener Krankheit". Trotz Epidemien und politischen Unruhen konnte sich die christlich-sozial dominierte Stadtverwaltung jedoch zu keinerlei Reformen auf dem Gebiet des Wohnungswesens entschließen.

Zu einem wichtigen staatlichen Eingriff in das Wohnungswesen kam es erst während des Ersten Weltkriegs. Um die zunehmende Zahl von Kündigungen zu verhindern, wurde 1917 im österreichischen Teil der Monarchie ein zunächst befristeter Mieterschutz

consisted solely of a kitchen and a single room. Often not less than ten people "lived", in such tiny flats, in addition lodgers were taken in. Externally, however, these tenement blocks imitated the splendid façades of the Ringstrasse palaces: this fact provoked architect Adolf Loos to speak of a "Potemkin city".

Thousands of homeless people slept in emergency accommodation and even in the sewers. The housing situation in Vienna was in international terms the worst in Europe. This naturally had an effect on the health of the inhabitants – tuberculosis was also known at the time as the "Viennese disease". Despite epidemics and political unrest the municipal administration that was dominated by the (conservative) Christian Socialists could not decide upon any reforms in the area of housing.

An important intervention by the state in the area of housing was first made during the First World War. In order to prevent the increasing number of evictions an initially limited form of tenant protection legislation was introduced in the Austrian part of the monarchy in 1917. This prohibited arbitrary evictions and rent increases – and is for the most part still in force today. However, in

Wahlkampfthema Wohnbau: Plakat der Wiener Sozialdemokraten, Viktor Slama, 1923

Election campaign focussing on new housing: election poster of the Vienna Social Democrats, Viktor Slama, 1923

eingeführt. Dieser schloss willkürliche Kündigungen und Mieterhöhungen aus – und ist in wesentlichen Teilen bis heute gültig. Im Zusammenhang mit der hohen Inflation nach dem Weltkrieg führte er aber auch zu einer weitgehenden Entwertung der Mieteinnahmen und damit zum Ende des privaten Mietwohnungsbaus in Österreich. Das Festhalten an unrealistisch niedrigen Mieten bewirkte eine Vernachlässigung des privaten Wohnungsbestandes, eine der Ursachen für die viel später eingeführten, öffentlich geförderten Wohnhaussanierungsprogramme.

Die Erneuerung der Stadt im Roten Wien

Nach dem Zerfall der Habsburgermonarchie und der Einführung eines allgemeinen, gleichen und direkten Wahlrechts auch auf kommunaler Ebene wurde Wien bei den Wahlen am 4. Mai 1919 zur ersten sozialdemokratisch regierten Millionenstadt der Welt. Mit der Gründung eines eigenen, von Niederösterreich abgetrennten Bundeslandes Wien am 1. Jänner 1922 konnte zudem jene Steuerhoheit erreicht werden, die der Stadt die finanziellen Mittel für ihr ehrgeiziges kommunalpolitisches Programm zuführte. Das „Rote Wien" war damit möglich geworden. Tatsächlich wurde

connection with the high inflation after the First World War it lead to a large scale devaluation of the income from rents and thus to the end of private housing construction in Austria. The rigid adherence to unrealistically low rents lead to the neglect of privately owned housing stock, one of the main reasons for the much later introduction of state-subsidised housing refurbishment programmes.

The Renewal of the City in "Red Vienna"

Following the collapse of the Hapsburg monarchy and the introduction of general, equal and direct suffrage – also at the local political level – in the elections held on 4 May 1919 Vienna became the first major city in the world to be ruled by a Social Democratic government. Vienna became an independent state of the Austrian republic following its separation from Lower Austria on 1 January 1922. The fiscal sovereignty thus achieved provided the city with the financial means for its ambitious communal political programme. "Red Vienna" was thus made possible. In fact in the few years between 1919 and 1934 an impressive, internationally acclaimed programme of reforms was implemented. One of its central points was a new housing construction policy; the intention was to make the new communal policy directly tangible in an important area of everyday life. Housing was to be more than just a roof over people's heads. The "Gemeindebau" (municipal housing block) and the broad infrastructure it offered for education, health and culture was seen from the very start as the concentrated expression of a new society, as the visualization of a social utopia. Within the space of only 14 years the municipal authority of Vienna built around 66,000 flats, in addition 15,000 terrace houses were built by newly founded housing cooperatives set up in the context of the "Wiener Siedlerbewegung" (Vienna settlers movement).

In 1934 one tenth of the population of Vienna lived in municipally owned dwellings. Their architecture, which was the product of a number of competitions and the direct commissioning of no less than 190 private architects' practices, is just as much an integral part of the image of Vienna as the grid of 19th century tenement blocks. After the collapse of the public housing programme during the Austro-fascist era and the destruction caused by the war the Social Democratic municipal administration restarted this publicly financed housing programme. Whereas in the post-war reconstruction period the urban tradition of the interwar courtyard block was reanimated, in the major

in den wenigen Jahren von 1919 bis 1934 ein beeindruckendes, auch international beachtetes Reformwerk umgesetzt. Zu dessen Kernpunkt wurde der neue Wohnungsbau; hier, im unmittelbaren täglichen Lebensbereich, sollte die neue Kommunalpolitik direkt erfahrbar werden. Wohnen sollte mehr sein als bloße Behausung: Der „Gemeindebau" – und sein breites Angebot an Infrastruktur für Bildung, Gesundheit und Kultur – verstand sich von Anfang an als räumlich konzentrierter Ausdruck der neuen Gesellschaft, als Visualisierung einer sozialen Utopie. Insgesamt wurden von der Gemeinde Wien innerhalb von 14 Jahren rund 66.000 Wohnungen errichtet; dazu kommen noch rund 15.000 ebenfalls geförderte Reihenhäuser der im Rahmen der „Wiener Siedlerbewegung" neu gegründeten Baugenossenschaften.
1934 wohnte bereits ein Zehntel der Wiener Bevölkerung in Gemeindewohnungen. Deren Architektur, Ergebnis einiger Wettbewerbe und von Direktaufträgen an nicht weniger als 190 private Architekturbüros, ist aus dem Stadtbild Wiens heute ebenso wenig wegzudenken wie die rasterförmigen Blocks der Gründerzeit. Nach dem

urban expansion projects of the 1960s and 1970s the industrialized mass production of dwellings gained the upper hand. The enormous building volume of more than 10,000 social dwellings per year relieved the crowded inner city districts and thus created the framework for the major urban renewal projects of the following decades.

Gentle Urban Renewal

In many respects the urban renewal of Vienna reflects the course of urban development in the major European cities over the last 50 years. The renewal of old urban areas was initially concentrated on historically and culturally important centre city zones such as the Blutgasse area, and only later extended to the Gründerzeit districts whose architecture was still not greatly appreciated. However, in Vienna large-scale refurbishment i.e. major demolition and new construction rarely occurred. Once again the "delayed" development of Vienna – in this case the result of its peripheral geographical and political situation and the consequent lack of economic dynamics – ultimately turned out to be a favourable opportunity. Vienna was able to learn from the mistakes made by other European cities and

Bügelraum als Teil der Gemeinschaftseinrichtungen, Wohnhausanlage Tivoli, 1928

Ironing room, part of the communal facilities, Tivoli housing estate, 1928

Der Gürtel mit dem Reumann-Hof als „Ringstraße des Proletariats", aus: Die Unzufriedene, 10. August 1930

Reumann-Hof on the Gürtel, known as the "Ring Road of the Proletariat", from: Die Unzufriedene, August 10, 1930

Zusammenbruch des öffentlichen Wohnbaus während des Austrofaschismus und den Kriegszerstörungen nahm die sozialdemokratische Stadtverwaltung dieses öffentliche Wohnungsprogramm wieder auf. Während in der Wiederaufperiode städtebaulich noch auf die Tradition des Höfebaues der Zwischenkriegszeit zurückgegriffen wurde, setzte sich bei den großen Stadterweiterungen der 1960er- und 70er-Jahre die industrialisierte Massenproduktion von Wohnungen weitgehend durch. Das enorme Bauvolumen von mehr als 10.000 Sozialwohnungen pro Jahr entlastete das dicht bevölkerte innerstädtische Gebiet und schuf damit erst die Voraussetzungen für die großen Stadterneuerungsprogramme der folgenden Jahrzehnte.

Sanfte Stadterneuerung

Wiens Stadterneuerung spiegelt in vielfacher Hinsicht die städtebauliche Entwicklung der europäischen Großstädte in den letzten 50 Jahren wider. Die Erneuerung der alten Stadtviertel konzentrierte sich zunächst auf kulturhistorisch wertvolle Zonen im Zentrum wie im Blutgassenviertel, erst später auf die Gründerzeitbezirke mit ihrer (noch) wenig geschätzten Architektur. Allerdings kam es in Wien kaum zu Flächensanierungen, d. h. zu großflächigem Abbruch und Neubau. Wieder einmal stellte sich die „verspätete" Entwicklung Wiens – diesmal bedingt durch die geopolitische Randlage und eine daraus resultierende geringere wirtschaftliche Dynamik – als Chance heraus. Die Stadt konnte aus Fehlentwicklungen in anderen europäischen Großstädten lernen

could gradually develop its own instruments for "gentle rehabilitation". After decades of intensive new building – between 1950 and 1980 around 300,000 dwellings were built, mostly on the urban periphery – the shortage of dwellings had been largely dealt with, from the mid 1970s onwards there was a clear shift of public investment to the densely built-up areas.

The years 1974 and 1984 mark important turning points in urban renewal in Vienna. In 1974 – based for the most part on the model of the German urban development laws – the Urban Renewal Act (Stadterneuerungsgesetz or StEG) was passed at federal level. This law represented in principle a "hard" instrument that laid emphasis on the large-scale refurbishment of specified "renewal areas", on compulsory purchase and on the formation of renewal associations. In this respect it has remained by and large an inoperative law. However, the StEG did lead to the designation of a study area in Ottakring and consequently to the establishment of the first "Gebietsbetreuung" (area renewal office). This in turn played a major role in the preliminary work for the development of subsidized housing renewal in Vienna. Alongside Ottakring the so-called "Planquadrat" in the 4th district became a test model for successful urban renewal that was accompanied by extensive media work – and was also a predecessor of the present-day practice of "block renewal". Existing instruments such as the housing improvement or old town preservation laws were developed further. Here the experiences of other large European cities, in particular Rotterdam and West Berlin, could be utilized. However, Vienna still lacked an instrument for the renewal

und sukzessive ihr Instrumentarium einer „sanften Sanierung“ aufbauen. Da nach Jahrzehnten intensiver Neubautätigkeit – 1950 bis 1980 wurden rund 300.000 geförderte Wohnungen vorwiegend am Stadtrand errichtet – der quantitative Wohnungsfehlbestand weitgehend beseitigt war, erfolgte ab Mitte der 70er-Jahre eine deutliche Verlagerung der öffentlichen Investitionen in das dicht bebaute Gebiet.

Die Jahre 1974 und 1984 markieren wichtige Wendepunkte der Wiener Stadterneuerung. 1974 war auf Bundesebene – weitgehend nach dem Vorbild des deutschen Städtebauförderungsgesetzes – das Stadterneuerungsgesetz (StEG 1974) beschlossen worden. Dieses Gesetz stellte im Prinzip ein „hartes“ Instrument dar, das auf Flächensanierung in verordneten „Assanierungsgebieten“, auf Enteignung und die Bildung von Erneuerungsgemeinschaften setzte. In dieser Hinsicht blieb es weitgehend totes Recht. Allerdings führte das StEG auch zur Festsetzung eines Untersuchungsgebietes in Ottakring und in der Folge zur Einrichtung der ersten „Gebietsbetreuung". Diese wiederum war maßgeblich an Vorarbeiten zur Entwicklung einer geförderten Wohnhaussanierung in Wien beteiligt.

Neben Ottakring wurde das „Planquadrat“ im 4. Bezirk zum Testfall einer erfolgreichen, von umfangreicher Medienarbeit begleiteten Stadterneuerung – und zu einem Vorläufer der heutigen „Blocksanierung“. Bestehende Instrumente, wie das Wohnungsverbesserungs- oder das Altstadterhaltungsgesetz, wurden weiterentwickelt. Hier konnte auch auf Erfahrungen anderer europäischer Großstädte – insbesondere von Rotterdam und Westberlin – zurückgegriffen werden.

Allerdings fehlte in Wien noch ein dem Neubau vergleichbares Förderinstrument für die Wohnhaussanierung. Erst die Gemeinderatswahlen 1983 brachten hier einen neuen Schub: Im folgenden Jahr wurden nicht nur vier neue Gebietsbetreuungen (Karmeliterviertel, Margareten-Ost, Innerfavoriten, Neulerchenfeld) beauftragt, sondern mit dem Wohnhaussanierungsgesetz (WSG) und der Gründung des Wiener Bodenbereitstellungs- und Stadterneuerungsfonds (WBSF) die Grundpfeiler für ein erfolgreiches, mittlerweile weltweit führendes Wohnhaussanierungsprogramm gelegt.

of housing blocks that was comparable in terms of efficiency to the construction of new housing. It was only the local elections of 1983 that introduced a new development phase: in the following year not only were four new area renewal offices (Karmeliterviertel, Margareten-Ost, Innerfavoriten, Neulerchenfeld) set up, but with the passing of the Residential Building Rehabilitation Act (Wohnhaussanierungsgesetz – WSG) and the founding of the Vienna Land Procurement and Urban Renewal Fund (Wiener Bodenbereitstellungs- und Stadterneuerungsfonds – WBSF) the basic structure for a successful housing rehabilitation programme could be built that by now is one of the leading such programmes world-wide.

Housing Renewal – A World Record

With the WSG 1984 (WWFSG 1989) a decisive step was taken from the small-scale study area to large-scale urban renewal. This independent Viennese development first becomes clear in the light of international comparison. For, in contrast to the German Urban Planning Development Act (Städtebauförderungsgesetz) or the exemplary “Building for the District” in the Netherlands, it was not the location of a dwelling house in a declared renewal area that was decisive for a subsidy but exclusively the age of the building and the predominant category of the dwellings in the building. The WBSF has since become responsible for the preparation and monitoring of housing renewal measures, in particular for advising owners and tenants, examining the proposed measures in terms of functionality, economic sense, suitability for subsidies and social compatibility, as well as for monitoring the use of subsidies.

“Gentle urban renewal” focuses primarily on occupied buildings that are renovated in collaboration with the tenants. The so-called “basic renewal” is based on the principle of the priority of social criteria in urban renewal. Preservation and protection of the existing substance takes precedence over demolition and new construction. The programme aims at avoiding driving people out of the area, preventing social segregation, involving the wishes of the tenants in the renewal concept, preserving small-scale mixed use and – as a medium-term goal – improving the urban structure and the quality of the environment in densely built-up areas.

The package of measures assembled for these goals included grants for preservation and improvement works by house-owners and tenants, additions and attic conversions, thermal renovation of apartment buildings

Wohnhaussanierung – Weltrekord

Mit dem WSG 1984 (WWFSG 1989) wurde der entscheidende Schritt vom kleinteiligen Untersuchungsgebiet zu einer großflächigen Stadterneuerung gesetzt. Im internationalen Vergleich wird diese eigenständige Wiener Entwicklung deutlich: Denn im Unterschied etwa zum deutschen Städtebauförderungsgesetz oder zum durchaus beispielhaften „Bauen für das Quartier" in den Niederlanden war nun nicht die Lage eines Wohnhauses in einem ausgewiesenen Sanierungsgebiet Bedingung für eine Förderung, sondern ausschließlich das Alter und die überwiegende Ausstattungskategorie des Hauses selbst. Dem WBSF kommt seither die Vorbereitung und

(since 2000), substitute flats for tenants who are willing to move out, the involvement of tenant advice groups, as well as housing benefit for households with low incomes. Although there are deliberately no restrictions to specific districts it is clear that one of the goals remains directing the subsidies and grants primarily to the worst areas. On the basis of an overview of the areas most in need of rehabilitation prepared by the municipal planning authorities that takes into account technical as well as social and environmental factors, each project is evaluated and ranked according to a point system. Renovation projects in the worse urban districts thus receive subsidies more quickly – as do those projects with a greater number

Begleitung der Wohnhaussanierungsmaßnahmen, insbesondere die Beratung von Eigentümern und Bewohnern, die Prüfung der projektierten Maßnahmen auf Zweckmäßigkeit, Wirtschaftlichkeit, Förderbarkeit und soziale Verträglichkeit und die Kontrolle des widmungsgemäßen Einsatzes der Fördermittel zu.

Im Sinne der „sanften Stadterneuerung“ werden vor allem bewohnte Häuser in Zusammenarbeit mit den Mietern saniert. Die so genannte Sockelsanierung baut auf dem Grundsatz der Priorität sozialer Kriterien in der Stadterneuerung auf: Vorrang der Bestandsschonung und -erhaltung vor Abbruch und Neubau, Vermeidung von Verdrängung und sozialer Segregation, Einbeziehung der Bewohnerwünsche in das Sanierungskonzept,

of flats in need of improvement and with comprehensive tenant information and participation structures.

In addition to privately owned apartment buildings, municipal blocks of flats from the interwar period and, to an increasing extent, from the post-war period also have been extensively renovated and modernised within the framework of this project. The intention is to create larger apartments for young families by merging small flats and by making attic conversions. All the cabling, service runs, windows, façades and roofs are renovated, lifts are inserted and the housing complexes are connected to the district heating system of the City of Vienna. In some cases social amenities or garages have also been built. Among the most important urban renewal projects are the renovation of major housing complexes that shape the image of the city such as the Karl-Marx-Hof, Washington-Hof, Rabenhof, Reumann-Hof or Sandleiten-Hof. The exceptional architecture of these municipal buildings is thus revealed in a new light.

Since the beginning of the major urban renewal campaign in 1984 more than 8,400 buildings have been submitted for subsidised renewal and for around 4,700 subsidies have already been secured. This affects around 201,000 dwellings – on average 10,000 per year and already more than a fifth of the total Viennese housing stock. An investment volume of 4 billion euro is balanced by a non-repayable state grant of 3.1 billion euro. Statistics compiled by the UNO and other international organisations suggest that this is one of the largest urban renewal programmes in the world.

Block Renewal as a Testing Ground

The concept of block renewal has acquired particular importance since 1989. To achieve a more extensive improvement of the urban situation in densely built-up areas of the city that extends beyond individual buildings, housing developers or private architects are commissioned to develop block renewal concepts. Block renewal aims not only at achieving more, higher quality rehabilitation in those areas of the city most urgently in need of renewal, but also at improving private and semi-public areas through the partial demolition of the inner cores to the blocks and through the use of planting. At the same time this programme strives to enhance the quality of public space and – in this context – to achieve a solution for parked cars, to preserve a small-scale mix of use by strengthening local businesses and shops and to improve the technical and social infrastructure.

Großfeldsiedlung: Die Stadterweiterungsgebiete der 1970er-Jahre sind heute Schwerpunkt der thermischen Wohnhaussanierung (Thewosan)

Großfeldsiedlung: The urban expansion areas from the 1970s are now the focus of thermal renovation of housing (Thewosan)

Bewahrung einer kleinteiligen Nutzungsmischung und – als mittelfristiges Ziel – eine Verbesserung der städtebaulichen Struktur und der Umweltqualität im dicht bebauten Gebiet.
Das dafür entwickelte Maßnahmenpaket beinhaltet Förderungen für haus- und wohnungsseitige Erhaltungs- und Verbesserungsarbeiten, Zubauten und Dachgeschossausbauten, thermische Wohnhaussanierungen (seit 2000), Ersatzwohnungen für umsiedlungsbereite Mieter, den Einsatz von Mieterbetreuungsteams und Wohnbeihilfen für einkommensschwache Haushalte.
Obwohl bewusst keine gebietsmäßigen Einschränkungen bestehen, bleibt ein weiteres Ziel natürlich die Lenkung der Fördermittel primär in die schlechtesten Viertel. Auf Basis einer von der Stadtplanung erstellten Übersicht der erneuerungsdringlichsten Zählgebiete, die sowohl technische als auch soziale und umweltrelevante Kriterien berücksichtigt, wird jedes Projekt an Hand eines Punktesystems gereiht. Sanierungsprojekte in schlechteren Stadtvierteln kommen damit schneller zur Förderung – ebenso solche mit einem höheren Verbesserungsanteil oder einer umfassenden Mieterinformation und -partizipation.
Neben privaten Miethäusern werden im Rahmen dieses Programms auch die kommunalen Wohnbauten der Zwischenkriegszeit und in zunehmendem Maße der Nachkriegszeit durchgreifend saniert und modernisiert. Durch Zusammenlegungen und Dachgeschossausbauten sollen in diesen Bauten auch größere Wohnungen für junge Familien entstehen; sämtliche Leitungen, Fenster, Fassaden und Dachflächen werden erneuert, Aufzüge eingebaut und die Wohnhausanlagen an das Fernheizsystem der Stadt Wien angeschlossen. Fallweise werden auch Sozialeinrichtungen oder Garagen errichtet. Zu den bemerkenswertesten Stadterneuerungsprojekten gehört die Sanierung stadtbildprägender Bauten wie des Karl-Marx-Hofs, Washington-Hofs, Rabenhofs, Reumann-Hofs oder Sandleiten. Die außergewöhnliche Architektur dieser Gemeindebauten erstrahlt damit in neuem Licht.
Seit Beginn der großen Stadterneuerungsoffensive 1984 wurden mehr als 8400 Häuser zur geförderten Sanierung eingereicht; für etwa 4700 wurden bereits Fördermittel zugesichert. Diese betreffen rund 201.000 Wohnungen – im Durchschnitt 10.000 pro Jahr und bereits mehr als ein Fünftel des gesamten Wiener Wohnungsbestandes. Einem dadurch ausgelösten Investitionsvolumen von 4 Milliarden Euro steht ein nichtrückzahl-

In addition block renewal has turned out to be an ideal testing ground for new developments in the area of urban renewal. For example: for the first time ever in subsidised renovation projects the use of passive and active solar energy as well as rainwater seepage and non-potable water piping have been tested. The active involvement of existing businesses in the rehabilitation concept allows the preservation of a mixed use structure appropriate for residential districts; so-called combi-projects combine

Stadterneuerungsgebiet Ottakring: neuer Park an der Wichtelgasse, 1980

Ottakring urban renewal area: new park on Wichtelgasse, 1980

barer Landeszuschuss von 3,1 Milliarden Euro gegenüber. Statistiken der UNO und anderer internationaler Organisationen legen den Schluss nahe, dass es sich damit um das weltweit größte Stadterneuerungsprogramm überhaupt handelt.

Testfeld Blocksanierung

Eine besondere Bedeutung kommt der seit 1989 entwickelten Blocksanierung zu. Im Sinne einer

renovations with subsidised new dwellings; the social infrastructure and integration are strengthened by developing existing social amenities close to the housing or by creating new ones, as well as by means of group housing for the disabled, various advice centres and the use of multi-lingual advisors in block renewal projects involving a high proportion of immigrants. The partial demolitions necessary to create larger internal courtyards are compensated by grants for attic conversions.

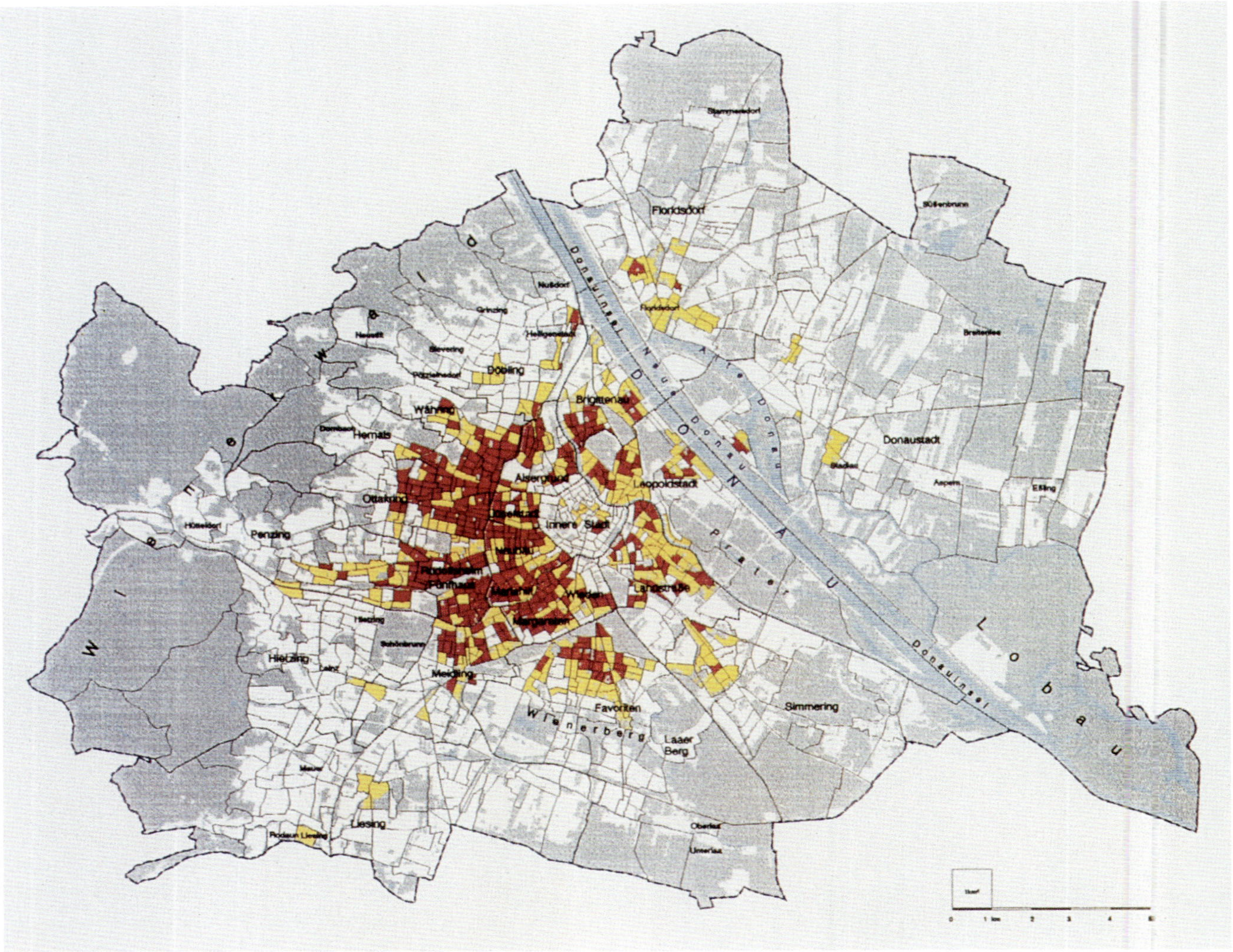

umfassenden, über das Einzelobjekt hinausgehenden Verbesserung der städtebaulichen Situation in dicht bebauten Stadtteilen werden Wohnbauunternehmen oder private Architekturbüros mit der Ausarbeitung von Blocksanierungskonzepten beauftragt. Blocksanierung zielt daher nicht nur auf mehr und qualitativ hochwertige Sanierungen in den erneuerungsdringlichsten Stadtteilen, sondern auch auf Verbesserungen im privaten und halböffentlichen Raum durch Teilentkernungen und Begrünungen, eine gleichzeitige Aufwertung des öffentlichen Raums und – damit zusammenhängend – Lösungen für den ruhenden Verkehr, die Erhaltung einer kleinräumigen Nutzungsmischung durch Sicherung des Gewerbes und der Nahversorgung sowie auf Verbesserungen der technischen und sozialen Infrastruktur.
Außerdem erwies sich die Blocksanierung als ideales Testfeld für neue Entwicklungen in der Stadterneuerung: So wurden erstmals in geförderten Sanierungsprojekten

Conceived originally as experiments, much of the experience gained has by now been incorporated in "standard" urban renewal. In addition block renewal makes a decisive contribution to directing public investment to those areas most in need of renewal as well as aiding the development of new models of "private-public partnership". Around 80 million euro are thus additionally directed towards urban planning problem zones every year – above all in the 5th, 10th, 12th, 15th to 18th and 20th districts – whereby the "echo effect", that is the investment stimulated in the private sector, should also be taken into consideration. It was therefore not by chance that this rehabilitation strategy was a core element of the "Urban Project Gürtel Plus" which received EU support.

From Participation to Empowerment – Area Renewal Offices

The area renewal offices managed by the developers or the architects under the supervision of the City of Vienna play

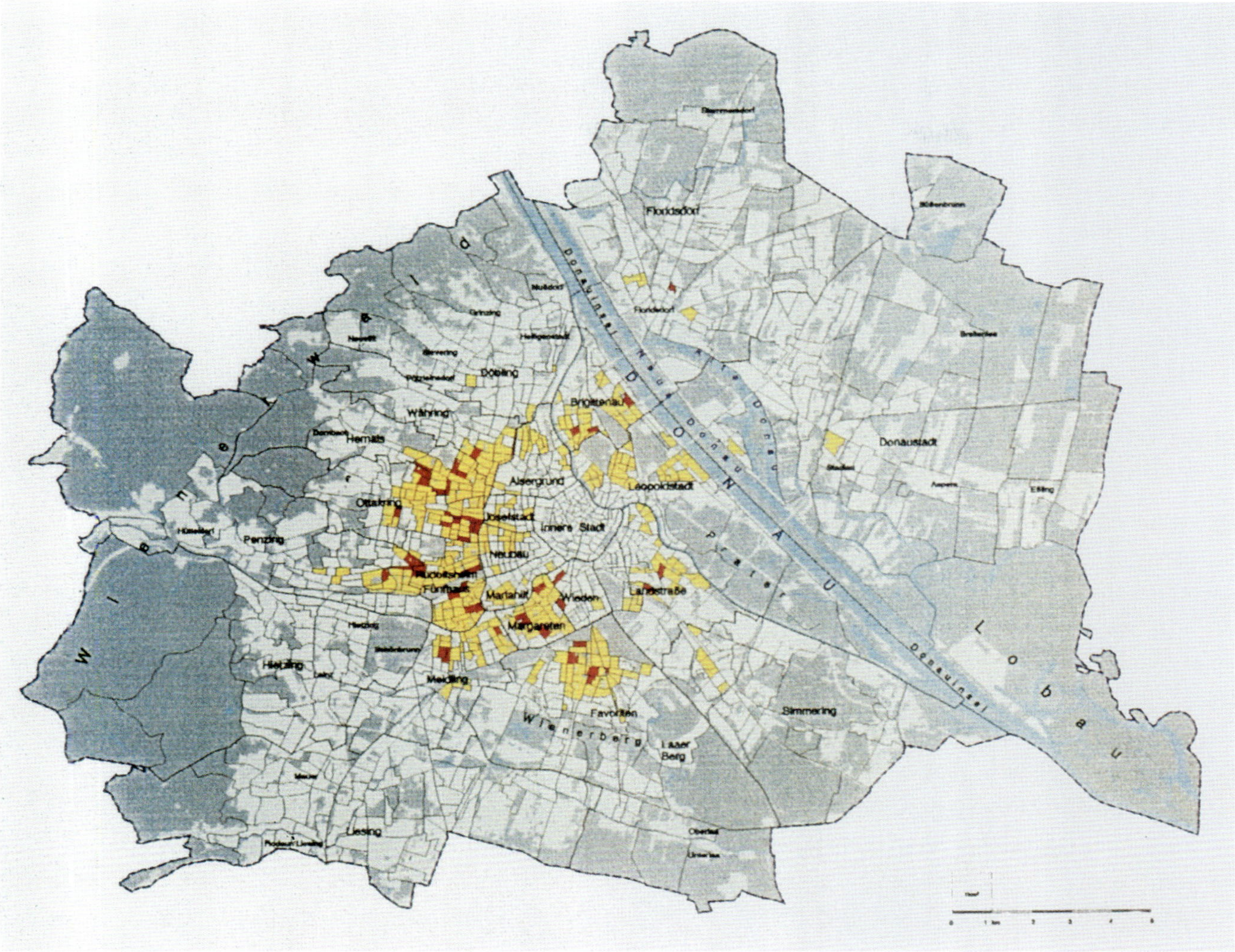

Städtebauliche Problemgebiete aufgrund technischer, städtebaulicher und sozialer Kriterien 1971 (links) und 1991 (rechts)

Problematic areas defined according to technical, environmental and social criteria 1971 (left) and 1991 (right)

passive und aktive Solarenergie sowie Brauchwasserleitungen und Regenwasserversickerung getestet; die aktive Einbeziehung vorhandener Gewerbebetriebe in das Sanierungskonzept ermöglicht die Erhaltung einer mit dem Wohnen verträglichen Nutzungsmischung; so genannte Kombi-Projekte verbinden Sanierungen mit geförderten Neubauwohnungen; soziale Infrastruktur und Integration werden durch den Ausbau vorhandener bzw. die Neuschaffung von wohnungsnahen Sozialeinrichtungen, Behindertenwohngemeinschaften und verschiedenen Betreuungsstellen ebenso gefördert wie durch den Einsatz mehrsprachiger Berater in Blocksanierungen mit hohem Migrantenanteil; Teilabbrüche zur Schaffung von größeren Hofinnenflächen werden durch geförderten Dachgeschossausbau kompensiert ...

Als Experimente konzipiert, sind viele dieser Erfahrungen heute bereits in den „Normalfall" der Stadterneuerung eingeflossen. Darüber hinaus trägt die Blocksanierung

an important role in the implementation of urban renewal policy in Vienna. Based on the model of the first area renewal office set up in Ottakring in 1974, facilities of this kind can today be found in all districts of Vienna – as a medium between the population and policies, as an easily accessible contact point for all the concerns and interests of the residents and other protagonists in the district, and, not least of all, as a testing ground for new planning approaches. Whereas in the area renewal offices it was initially primarily technicians who were employed, today these offices offer an interdisciplinary approach that includes social and cultural activities as well as the rehabilitation of residential buildings.

The success of the area renewal offices has meant that they have been spread to cover municipal housing developments also ("new area renewal office"). Here the positive experience was repeated in the resolution of conflicts in – often problematic – large housing complexes, which in Vienna were first tested in the rehabilitation of pre-

zur Lenkung der öffentlichen Investitionen in die erneuerungsdringlichsten Gebiete sowie zur Entwicklung neuer Modelle des „private public partnership" entscheidend bei. Rund 80 Millionen Euro werden dadurch zusätzlich in die städtebaulichen Problemzonen gelenkt – vor allem in die Bezirke 5, 10, 12, 15 bis 18 und 20 –, wobei auch noch die „Echoeffekte", d. h. die im privaten Bereich ausgelösten Investitionen zu berücksichtigen sind. Nicht zufällig war daher diese Sanierungsstrategie auch Kernbestandteil des von der EU unterstützten „Urban Projekts Gürtel plus".

Von Partizipation zu empowerment – Gebietsbetreuung

Den von Bauträgern bzw. Architekten im Auftrag der Stadt Wien geführten Gebietsbetreuungen kommt eine wichtige Rolle bei der Umsetzung der Stadterneuerung in Wien zu. Nach dem Vorbild der ersten, 1974 in Ottakring eingerichteten Gebietsbetreuung sind heute solche Einrichtungen in allen Wiener Bezirken tätig – als Vermittler zwischen Bevölkerung und Politik, als niedrigschwellige Anlaufstelle für alle Anliegen und Interessen der Bewohner und anderer Akteure im Gebiet, nicht zuletzt als Testgebiet für neue Planungsansätze. Waren in den Gebietsbetreuungen anfangs vor allem Techniker beschäftigt, so zeichnen sie sich heute durch eine interdisziplinäre Vorgehensweise aus, die Wohnhaussanierungen ebenso mit einschließt wie soziale und kulturelle Aktivitäten.

Der Erfolg der Gebietsbetreuungen führte mittlerweile zur flächendeckenden Ausdehnung auch auf städtische Wohnhausanlagen („Gebietsbetreuung Neu"). Hier wiederholt sich die positive Erfahrung mit Konfliktlösungsansätzen in – oft problematischen – Großwohnanlagen, die in Wien erstmals bei der Sanierung der Fertigteilbauten am Rennbahnweg und am Schöpfwerk erprobt wurden. Dabei geht es neben der notwendigen technischen Sanierung auch um die Bewältigung sozialer Probleme und „alltäglicher" Nachbarschaftskonflikte. Die Erfahrung zeigt, dass durch solche Plattformen zur lokalen Konfliktlösung die Wohnzufriedenheit steigt, Beschädigungen durch Vandalismus und Nachlässigkeit abnehmen und dadurch Kosten eingespart werden können. Vor allem aber geht es um ein „empowerment" der lokalen Bevölkerung, um deren Problemlösungskapazität zu steigern und sie möglichst unmittelbar in die lokale Entwicklungs-

fabricated housing blocks in the Rennbahnweg and Am Schöpfwerk estates. In addition to the constructional renovation, it was also necessary to deal with social problems and "everyday" conflicts between neighbours. The experience shows that this kind of platform for solving local conflicts can raise the level of people's satisfaction with their housing, reduce the damage resulting from vandalism and carelessness and thus allow savings to be made. Above all however, the issue here is one of empowerment of the local population in order to increase the problem-solving potential and to integrate it as directly as possible in decisions affecting local development processes.

Urban Renewal as an Export?

The success of the Viennese urban renewal programme – above all the subsidised rehabilitation of residential buildings and the area renewal offices – has in recent years received international recognition, which it continues to attract. As early as 1994 UN-ECE (Economic Commission for Europe) cited in its report "Vienna Paper on Urban Renewal" numerous elements of Viennese urban renewal as a model for other European cities and subsequently produced individual reports based on this paper that contained concrete recommendations for action in Bratislava, Budapest und Ljubljana. In addition Vienna was invited to participate as a consultant in the development of several cities including Venice, Odessa and Aleppo. With Viennese help Budapest developed a rehabilitation model based on the Viennese experience with subsidies from a newly founded urban renewal fund. In the future the experience gained during the Gürtel rehabilitation programme, with its successful mixture of culture, social amenities, integrational measures as well as the renovation of residential buildings and the construction of new housing, is to be used in the Hungarian capital.

International recognition also took the form of an award already granted twice to the Vienna urban renewal programme as the worldwide "best practice": this was the Dubai Award presented by UN-Habitat. Currently the suitability of the Viennese urban renewal model for several other major European cities is being tested: a concrete cooperation project between the 2nd district of Vienna and the 4th district of Paris has been started in the area of resident-oriented urban renewal, while the POSEIDON project subsidised by the EU aims at linking area renewal activities in Vienna with those in five other European cities.

prozesse betreffenden Entscheidungsfindungen einzubinden.

Exportartikel Stadterneuerung?

Der Erfolg der Wiener Stadterneuerung – vor allem der geförderten Wohnhaussanierung und der Gebietsbetreuungen – wurde und wird in den letzten Jahren international stark beachtet. Schon 1994 empfahl die Europäische Wirtschaftskommission der UNO in ihrem Bericht „Vienna Paper on Urban Renewal" zahlreiche Elemente der Wiener Stadterneuerung explizit als Vorbild für Europas Städte und entwickelte darauf aufbauend Fallberichte mit konkreten Handlungsempfehlungen für die Städte Bratislava, Budapest und Ljubljana. Wien wurde zudem von mehreren Städten als Konsulent bei der Entwicklung von Stadterneuerungsprogrammen eingeladen, darunter Venedig, Odessa und Aleppo. Budapest entwickelte unter Wiener Mithilfe ein an Wien angelehntes Sanierungsmodell mit Förderungen aus einem neu gegründeten Stadterneuerungsfonds.
In Zukunft sollen außerdem die Erfahrungen des Gürtelsanierungsprogrammes mit seiner erfolgreichen Mischung aus Kultur, Sozialeinrichtungen, Integrationsmaßnahmen sowie Wohnhaussanierung und Wohnungsneubau für die ungarische Hauptstadt genutzt werden.
Internationale Anerkennung kam auch durch die bereits zweimalige Auszeichnung der Wiener Stadterneuerung als weltweit bestes Beispiel („best practice") mit dem von UN-Habitat verliehenen Dubai-Award. Und aktuell wird die Übertragbarkeit des Wiener Stadterneuerungsmodells auf mehrere europäische Großstädte getestet: Zwischen dem 2. Wiener Gemeindebezirk und dem 4. Bezirk der Stadt Paris wurde ein konkretes Kooperationsprojekt auf dem Gebiet der bewohnerorientierten Stadterneuerung gestartet, während das EU-geförderte Projekt POSEIDON eine Vernetzung der Wiener Gebietsbetreuungsaktivitäten mit fünf weiteren europäischen Großstädten anstrebt.
Stadterneuerung wird damit auch zunehmend zu einem „Exportartikel" – nicht zuletzt mit bedeutenden Zukunftschancen für die Wiener Wirtschaft; dies mittelfristig insbesondere in den osteuropäischen Ländern, wo ein enormer Nachholbedarf – z. B. bei der thermischen Sanierung der Nachkriegsbauten – besteht. Außerdem ist die Wohnhaussanierung arbeitsintensiv: Sie schafft bei jeweils gleichem Investitionsvolumen

Urban renewal is thus increasingly becoming an export article that offers important chances for the future of the Viennese economy in the medium term, particularly in the Eastern European countries where there is an enormous amount of work to be done – for example in raising the thermal insulation standards of buildings erected after the War. In addition the rehabilitation of residential buildings is labour intensive: for the same volume of investment it creates around one-and-a-half times as many jobs as new housing construction or twice as many as underground construction measures. A minimum of 6,000 long-term workplaces in construction and associated fields can thus be secured in the Vienna area.

Gebietsbetreuung Gumpendorf, Mittelgasse: Stadterneuerung in Kooperation mit den jüngsten Bewohnern

Gumpendorf area renewal office, Mittelgasse: urban renewal in cooperation with the youngest inhabitants

rund 1,5-mal so viele Arbeitsplätze wie im Wohnungsneubau bzw. doppelt so viele wie im Tiefbau. Mindestens 6000 Dauerarbeitsplätze im Bau- und Baunebengewerbe können so im Wiener Raum gesichert werden.

Zwischen Markt und Staat – neue Herausforderungen

Stadterneuerung stellt einerseits einen kontinuierlichen Prozess dar, der durch öffentliche Investitionen nur teilweise gelenkt werden kann. Andererseits wird Stadterneuerung – hier im Sinne einer Erneuerung städtischer Gebiete insgesamt und folglich als politische Querschnittsmaterie – immer wieder vor neue Herausforderungen gestellt. Heute betreffen diese im Wesentlichen zwei Bereiche: Einerseits entsteht ein zunehmender Sanierungsbedarf an Bauten der 1960er- bis 80er-Jahre. Da in Wien nach 1945 rund eine halbe Million Wohnungen errichtet wurde – ca. 60 % des gesamten Wohnungsbestandes! –, ist bei einem angenommenen Reparaturzyklus von 25 bis 30 Jahren ein enormes Potential für Sanierungsaktivitäten gegeben, insbesondere auch bei der thermisch-energetischen Sanierung. Gleichzeitig nimmt die gesellschaftliche Polarisierung zu. Wird hier nicht rechtzeitig gegengesteuert, droht eine verschärfte sozialräumliche Segregation. Wien muss darauf Antworten finden:

>>> Mit der thermischen Wohnhaussanierung (Thewosan) werden zehntausende Wohnungen aus den Jahren 1960 bis 1980 verbessert. Damit leistet die geförderte Stadterneuerung einen gewaltigen Beitrag zum Klimaschutzprogramm (KLIP) und zur Erreichung der Kyoto-Ziele. Die Förderung ist mit maximal einem Drittel der Gesamtsanierungskosten relativ sparsam, für die öffentliche Hand also auch bei größerem Fördervolumen finanzierbar. Aufgrund der messbaren Einsparung bei den Energiekosten ist im Allgemeinen auch eine hohe Akzeptanz der Bewohner gegeben. Das Thewosan-Konzept könnte daher in Zukunft weiter ausgebaut werden, etwa in Richtung einer umfassenden Wohnqualitäts- und Wohnumfeldverbesserung.
>>> Die zunehmenden – oder jedenfalls nun stärker wahrgenommenen – Disparitäten in der Gesellschaft verlangen umfassende Erneuerungsstrategien in „Problemgebieten". Ansätze sind z. B. mit Modellen wie dem Grätzelmanagement im Ziel-2-Gebiet (2. und 20. Bezirk) oder dem Gebietsmanagement Arnethgasse

Between the Market and the State– New Challenges

Urban renewal on the one hand represents a continuous process that can be directed by public investment only to a limited extent. On the other hand urban renewal – here in the sense of a renewal of urban areas as a whole and consequently as political cross-sectional material – is constantly confronted with new challenges. Today these challenges arise essentially in two areas: on the one hand there is a growing need for the renovation of buildings from the 1960s to the 1980s. As in Vienna around half a million dwellings were built after 1945 (about 60 per cent of the total housing stock!) if one takes a repair cycle of between 25 and 30 years there is enormous potential for rehabilitation activity, in particular with regard to thermal energy rehabilitation. At the same time the polarisation of society is increasing. If counter measures are not taken in good time, the threat of increased social and spatial segregation looms. Vienna must find an answer to these problems:

>>> With the thermal renovation of housing (Thewosan) tens of thousands of dwellings built between 1960 and 1980 have been improved. Subsidised urban renewal thus makes an enormous contribution to the climate protection programme (KLIP) and to reaching the Kyoto targets. The subsidy, which amounts to a maximum of one third of the overall rehabilitation costs, is relatively economic and therefore, even in the case of a large volume of subsidies, is financially realistic for the public purse. Due to the calculable saving in terms of energy costs the level of acceptance by residents is also generally high. The Thewosan concept could therefore be developed in the future, for example in the direction of a comprehensive improvement of domestic quality and the environs of dwellings.
>>> The increasing – or at least more clearly perceived – disparities in society demand comprehensive renewal strategies in "problem areas". Initiatives using models such as the local district management in target 2 areas (2nd and 20th districts) or the Arnethgasse district management (16th district) already exist. Whereas in the 16th district the change brought about by many large new buildings is seen as a chance for sustainable urban development that requires focussed monitoring by the area management in the Wallensteinplatz/Alliiertenviertel local district

(16. Bezirk) vorhanden. Wird im 16. Bezirk die Veränderung, ausgelöst durch zahlreiche große Neubauten, als Chance für eine nachhaltige Stadtentwicklung verstanden, die eines gezielten Monitorings durch das Gebietsmanagement bedarf, so sollen im Grätzelmanagement Wallensteinplatz/Alliiertenviertel vor allem wirtschaftspolitische und beschäftigungswirksame Initiativen umgesetzt werden.
>>> Die älter werdende Gesellschaft wird neue Herausforderungen an Wohnbau und Wohnhaussanierung stellen. Wien fördert daher schon heute verstärkt den Einbau von Aufzügen und die behindertengerechte Adaptierung von Althäusern. In Zukunft werden aber auch andere Lösungen gefragt sein – etwa in Richtung von „smart homes“ mit intelligenten technischen Zusatzeinrichtungen oder die Verbindung von Wohnraumangebot mit diversen Serviceeinrichtungen. Dazu bedarf es einer genauen Beobachtung der internationalen Entwicklung und der Durchführung von Pilotprojekten.
>>> Betrachtet man die bauliche und demographische Entwicklung in Wien, so stellt sich zudem die Frage nach den Sanierungsgebieten der Zukunft. Diese werden vermutlich weniger in den Gründerzeitvierteln als vielmehr in den Stadterweiterungsgebieten der 60er- bis 80er-Jahre liegen. Zwar gibt es bereits Erfahrungen mit der Sanierung einzelner Großsiedlungen, doch gilt es erst, adäquate Modelle für die Bewältigung der komplexen Problemlagen in solchen Stadtteilen zu entwickeln.

Stadterneuerung wird es also jedenfalls weiterhin geben – solange Städte bestehen und sich geänderten Bedingungen und Anforderungen anpassen müssen. Stadterneuerung kann aber verschiedene Wege gehen: dem neoliberalen Laisser-faire-Prinzip folgend, im Vertrauen auf die Lösungsfähigkeit des Marktes – im Sinne eines amerikanischen Stadtentwicklungsmodells also; oder aber auf dem Verständnis einer sozialorientierten Stadterneuerung aufbauend, mit ausreichenden öffentlichen Investitionen, in der Tradition der europäischen Stadt. Wien hat sich, schon seit Jahrzehnten, für diese soziale, „sanfte“ Stadterneuerung entschieden, und sie scheint, intelligent weiterentwickelt, eine solide Grundlage zu sein, um sich den Herausforderungen der Zukunft zu stellen.

Wolfgang Förster

management area the aim is to launch economic and political initiatives that can create employment.
>>> Our ageing society will create new challenges for housing and the rehabilitation of housing stock. Vienna therefore already encourages to an increasing extent the insertion of lifts and the adaptation of old buildings to meet the needs of disabled persons. In the future other solutions will also be required – for example in the direction of "smart homes" with intelligent technical services or the connection of the housing stock to various service facilities. This requires precise observation of international developments and the introduction of pilot projects.
>>> Looking at the physical and demographic development of Vienna the question arises: where will the rehabilitation districts of the future be? These will probably lie less in the Gründerzeit areas and more in the urban expansion areas built between the 1960s and the 1980s. Although experience with the rehabilitation of individual large housing estates has already been gained, the issue is first of all to develop appropriate models to handle the complex problems occurring in such areas.

Therefore urban renewal will continue to be required for as long as cities exist and it must constantly adapt to changing conditions and demands. Urban renewal can, however, take different directions: it can follow the neo-liberal laisser-faire principle and rely upon the ability of the market to solve the problem – as in the American urban development model; or it can build upon the concept of socially-oriented urban renewal with sufficient public investment, in the tradition of the European city. Vienna opted years ago for this social "gentle" urban renewal. If intelligently developed it appears to offer a sound basis for meeting the challenges of the future.

Wolfgang Förster

Gemeinsames Glück unterm Dach des Breitner-Hofs:
Lina, Ernst, Paul, Jakob und Heda Kästner

Happy together under the roof of the Breitner Hof:
Lina, Ernst, Paul, Jakob and Heda Kästner

DACH ÜBERM KOPF

Das Ehepaar Kästner und dessen drei aufgeweckte Kinder haben sich in Wien-Penzing ein ausgebautes Dachgeschoss als Familienbiotop eingerichtet: hell, bunt, praktisch – eine Gemeindebauwohnung, die Harmonie ausstrahlt.

Beim Eingang Schuhe, nichts als Schuhe. Sandalen, Turnschuhe, normale Straßenschuhe. Schön brav abgestreift, bevor man in die Wohnung geht. „Wegen der Pflege", wie Ernst Kästner meint. Und „es wird ja doch herumgetollt".
Dabei hat die Wohnung sogar Parkettboden. Der ist bekanntlich pflegeleichter als etwa Spannteppiche und war schon vorhanden, als die Kästners im Hugo-Breitner-Hof in der Linzer Straße einzogen. Ebenso wie die Fliesen im Sanitärbereich. Dafür zahlte man beim Einzug 20.000 Euro Investitionsablöse.
Aber man kaufte sich auch ein Stückchen Glück darum – und hat sich dieses Glück richtiggehend liebevoll adaptiert: zu einem Wohlfühl-Biotop. Einen bunten, hellen und lebendigen Eindruck macht diese Wohnung gleich beim Eintreten. Der Eindruck stellt sich im Laufe des Besuchs als richtig heraus.
Die Kästners waren Nutznießer der Sanierung eines der großen Gemeindebauhöfe Wiens: des Hugo-Breitner-Hofs, benannt nach dem sozialdemokratischen Finanzstadtrat der Bundeshauptstadt, der durch seine Steuerpolitik die Finanzierung der Kommunalbauten des Roten Wien erst ermöglichte. 1948 bis 1952, also kurz nach Ende des Zweiten Weltkriegs, wurde der Breitner-Hof gebaut, noch ganz nach dem Schema der Wohnbauprojekte der Zwischenkriegszeit: ein nach außen hin offener Wohnblock, eingerahmt von großzügigen Grünflächen und versehen mit diversen Sozial- und Gemeinschaftseinrichtungen.
Ende der 90er-Jahre begann die Gemeinde Wien mit der

In front of the entrance to the flat there are pairs of shoes, nothing but shoes: sandals, trainers, and normal street shoes. All diligently removed before going into the flat. "It helps to keep the flat clean", as Erich Kästner says, and "things can get pretty wild inside here."
But in fact the flat even has parquet flooring. This is easier to keep than fitted carpet and was in place before the Kästners moved into the Hugo-Breitner-Hof in Linzer Strasse, as were the tiles in the sanitary areas. When they moved into the flat they paid 20,000 euro for the investments that had been made.
But with this sum they also bought themselves a little piece of happiness that they have adapted in a carefully loving way to create a biotope of contentment. This apartment makes a colourful, bright and lively impression the moment you enter it, and your initial impression is confirmed during the course of a visit.
The Kästners were beneficiaries of the refurbishment of one of Vienna's largest municipal courtyard-type developments, the Hugo-Breitner-Hof, named after the Social Democratic financial councillor of the federal capital government, whose taxation policy made it possible to finance the communal buildings of Red Vienna. The Breitner Hof was built from 1948 to 1952, that is soon after the Second World War, very much in the tradition of the council housing projects of the interwar period: an apartment building open to the outside, framed by generously sized green areas and provided with diverse social and communal facilities.
At the end of the 1990s the Vienna Council began a gentle renovation of the Breitner Hof with its total of 128 staircases

A ROOF OVER ONES HEAD

The Kästners and their three lively children have organised their converted attic flat in Vienna-Penzing as a kind of family biotope: bright, colourful, practical, a council flat that emanates a feeling of harmony.

Breitner-Hof alt und Breitner-Hof neu, im Hintergrund das Hanappi-Stadion

Breitner Hof old and Breitner Hof new, the Hanappi Stadium is in the background

sanften Sanierung des Breitner-Hofes mit seinen insgesamt 128 Stiegen und 1091 Wohnungen. Derzeit leben dort 2500 Menschen. Block für Block, Stiege für Stiege wurde seither erneuert. Zu den wichtigsten Errungenschaften im Breitner-Hof gehören jetzt Dachgeschosswohnungen, die natürlich mit Liften zu erreichen sind.

and 1091 flats. At present 2,500 people live there. The complex has been renewed since then, block-by-block, staircase-by-staircase. Among the most important achievements in the Breitner Hof are the attic flats that naturally, are reached by lift.
In fact the Kästners were not unhappy in their previous flat in Vienna Floridsdorf. They lived, as they say "in a piece of

Die Küche der Kästners

The Kästners' kitchen

Die Kästners waren mit ihrer früheren Wohnung in Wien-Floridsdorf eigentlich nicht unzufrieden. Sie wohnten, wie sie sagen, „in moderner Architektur", sie besaßen sogar eine Terrasse. Doch der Weg des mittlerweile 50-jährigen Familienvaters zu und von seiner Arbeitsstätte am Roten Berg im Westen Wiens kostete ihn täglich bis zu zwei Stunden. Ernst Kästner ist gelernter

modern architecture", they even had a terrace, but the journey that Erich Kästner, now fifty years old had to make to and from his work place on the Roter Berg in the west of Vienna took up to two hours daily. He is a trained advertising management assistant and works as an "all-rounder" in a small advertising agency where he is one of only six staff and where "everybody does everything".

Vater Kästner kocht Hühnerfilets mit Curry

Mr Kästner cooks curried chicken filets

Therefore Kästner began to look around for a terraced house or an attic apartment and, thanks to "Wiener Wohnen", quickly found something. "In fact we always wanted to live in one of these old original council buildings", says Heda Kästner. Her husband looked at the flat and was completely delighted by it; the children too found their potential new home "really cool".
They moved into the Breitner Hof. Now Mr Kästner can reach his company in only 20 minutes by bike. He loves the small town atmosphere that still exists in this area of Vienna. For 115 square metres the family pays a rent of 730 euro monthly, not including heating. The heating for the building has a solar energy connection, which in sunny years allows energy to be saved and costs reduced. The pointed roof construction of the building mean that even in summer the flat does not become too hot. Unfortunately the flat does not have a balcony but the view of the surroundings from the window is simply amazing and a constant source of joy: in the north-east you can see as far as Steinhof, Satzberg and the Jubiläumswarte; in the southwest you can see the Hanappi Stadium – the home of Austrian football record champions SK Rapid – with its

Die Eisenbahn flitzt vorbei ...

A train speeds by ...

Werbekaufmann und arbeitet als „Generalist" in einer kleinen Werbeagentur, wo man nur zu sechst ist und „jeder alles macht".
Also machte Kästner sich auf die Suche – es sollte ein Reihenhaus oder eine Dachwohnung sein – und wurde dank „Wiener Wohnen" rasch fündig. „Wir wollten immer schon in einem dieser urigen, alten Gemeindebauten leben", sagt Heda Kästner. Ihr Mann besichtigte die Wohnung und war restlos begeistert. Auch die Kinder fanden das mögliche neue Domizil „recht cool".
Man zog in den Breitner-Hof ein. Herr Kästner braucht jetzt mit dem Rad 20 Minuten zu seiner Firma. Er liebt das „Kleinstädtische", das in dieser Gegend Wiens noch vorherrscht. Für 115 m^2 zahlt die Familie 730 Euro im Monat. Ohne Heizung. Die Hausheizung hat eine Solarzuschaltung, was sich in sonnigen Jahren Energie- und Kosten sparend auswirken kann. Dass es in der Wohnung selbst im Sommer nicht zu heiß wird, dafür sorgt die Spitzdach-Konstruktion des Baus. Balkon besitzt die Wohnung leider keinen. Aber der Ausblick auf die Umwelt ist auch vom Fenster aus umwerfend und bewirkt tägliche Lebensfreude: im Nordosten reicht die Sicht bis zum Steinhof, zum Satzberg und zur Jubiläums-

warte; im Südwesten sieht man das Hanappi-Stadion – die Heimat des österreichischen Fußball-Rekordmeisters SK Rapid – mit seinen Flutlichtstrahlern, den Lainzer Tiergarten und den ORF auf dem Küniglberg.
In der Wohnung der Kästners ist alles sehr farbig und hell. Tolle, bunte Wasserfarben-Bilder der 4-jährigen Lina schmücken die Wände. Zarte Aquarelle aus der Toscana: Ein Freund der Familie, ein niederösterreichischer Maler, hat sie gemalt. Dazwischen hängt ein Druck von Niki de Saint Phalle. Eine Buddha-Bronzestatue, erstanden in Wien. Bücher im selbst gebauten Regal, unter anderem die mehrbändige Propyläen-Weltgeschichte. Viel helles Holz. Ein rustikaler Arbeitstisch thront inmitten des Wohnzimmers. Bunte Lampen und Nippes an den Wänden. Geschickte Raumveränderungen lassen die Wohnung größer wirken: der Durchbruch vom Wohnzimmer zur Küche, die Türen zu den einzelnen Räumen sind ständig offen ...
Manches in dieser Wohnung ist einfach geschickt improvisiert, selbst gemacht, günstig gekauft – mit drei Kindern kann man finanziell keine allzu weiten Sprünge machen. Die Standard-Raufasertapete auszutauschen

floodlighting, the Lainzer Tiergarten and the ORF (Austrian Broadcasting Service) buildings on the Küniglberg.
Everything in the Kästners' apartment is colourful and bright: images made by four-year old Lina using water-based paints adorn the walls as do delicate watercolours from Tuscany, painted by a Lower Austrian artist who is a friend of the family. Between them is a print by Niki de Saint Phalle. There is a bronze Buddha purchased in Vienna, the books, including the volumes of the Propyläen World History series, are stored in shelves they made themselves. A lot of light-coloured wood is used, a rustic desk stands at the centre of the living room. There are lamps in different colours, on the walls are various knick-knacks. Clever adaptations to the space make the flat seem larger: the opening between the living room and the kitchen, the fact that the doors to the individual rooms are always left open.
There is much improvisation in this flat, self-built objects or things bought at a reasonable price – with three children extravagant purchases are out of the question. To replace the standard textured wallpaper would have been expensive and tedious. Mattresses are used as seats or places to lie

Jakob steht Kopf

Jakob does a head-stand

Lina läuft

Lina running

Platz zum Spielen

Space to play

wäre zu teuer und zu mühsam gewesen. Es gibt Matratzen als Sitz- oder Liegematten. Das hat auch mit der Lebenseinstellung der Kästners zu tun. Sie sind sehr gesundheitsbewusst. In der Küche ein Stillleben aus Obst, Gemüse, einer Flasche Olivenöl ...
Die Kinder sind eindeutig der Mittelpunkt dieser Welt. Zu dritt besitzen sie zwei große, erstaunlich aufgeräumte Zimmer, die nicht nur als Schlafräume dienen, sondern in denen auch gelernt und gespielt wird: Schmuckstück unter den vielen Spielsachen ist eine große Modelleisenbahn, aber natürlich darf auch der Computer nicht fehlen. Zahlreiche Kinderbücher sind „in Arbeit". Im Breitner-Hof befindet sich nach wie vor eine Zweigstelle der Wiener Büchereien, von der Kinder Bücher gratis ausleihen können (Erwachsene zahlen 20 Euro im Jahr). Sohn Paul, 13, geht jetzt auf der Schmelz in die Schule. Er kommt in die 3. Klasse des Gymnasiums und hat ohne Probleme gewechselt, als die Familie umzog. Er möchte „vielleicht einmal Gymnasialprofessor werden". Englisch und Geschichte interessieren ihn besonders. Aber er findet auch Latein spannend. Und seine Eltern sind schließlich auch einmal humanistisch unterrichtet worden. Sohn Jakob ist acht Jahre alt und besucht die Volksschule. Tochter Lina wird bis Mittag in einem Kindergarten „gleich in der Nähe" betreut.
In ihrer Freizeit können Eltern und Kinder viele Aktivitäten setzen, ohne gleich Tagesreisen machen zu müssen: Ausflüge in den Lainzer Tiergarten, nach

down. This is also a reflection of the way the Kästners live. They are extremely health-conscious; the kitchen is a still life with fruit, vegetables and a bottle of olive oil.
The children are the obvious centre of this world. For the three of them there are two large (and astonishingly tidy) rooms, which are not only used as bedrooms but in which they can also play and study. A large model railway takes pride of place among the many toys but of course there is also a computer. Numerous children's books are currently being "processed", there is a still a branch lending library in the Breitner Hof where the children can borrow books free of charge (adults pay an annual fee of 20 euro). The 13-year-old son Paul now attends the grammar school on the Schmelz where he is about to enter the 3rd year. Changing school when the family moved home presented him with no difficulties. He thinks he might like to become "a grammar school teacher". He is especially interested in history and English. But he also finds Latin exciting. And his parents also attended a school that concentrated on the humanities. Jakob is only eight years old and attends primary school. The daughter Lina is looked after until midday in a nearby nursery school.

Platz für Bücher

Space for books

Gemeinsames Lernen im Wohnzimmer der Kästners

Studying together in the Kästners' living room

Schönbrunn, ins Technische Museum; Fußballspielen im Sommer, Rodeln im Winter. Der Anschluss des Breitner-Hofs an das öffentliche Verkehrsnetz ist unmittelbar gegeben: Die flotten Tramwaylinien 49 und 52 fahren in relativ kurzen Frequenzen vor der Haustür vorbei; nicht weit entfernt auch die U4.

Aber heute, wo mein Photographen-Kollege und ich auf Besuch sind, wird daheim geblieben. Zuerst werden Aufgaben gemacht und ein paar Probleme besprochen. Dann kocht der Vater Hühnerfilets mit Curry. Ein schnelles Gericht, das köstlich duftet und außerdem noch gesund ist. Herr und Frau Kästner wechseln sich beim Kochen ab. Und manchmal helfen auch die Kinder mit.

Eine durch und durch harmonische Stimmung unterm Dach des Breitner-Hofs. Hier wird nicht nur gewohnt, hier wird gelebt. Bewusst gelebt. Gut gelebt.

In their leisure time the parents and children undertake a great deal of activities that do not entail making long journeys: excursions to the Lainzer Tiergarten, Schönbrunn, the Technisches Museum; playing soccer in summer, tobogganing in winter. The connections to the public transport system are close by. The tramlines 49 and 52 travel at relatively frequent intervals past the entrance to the Breitner Hof, the U4 Underground line is not far away.

But today, as my photographer and I are visiting, the family stays at home. First of all, the homework is done and a few problems are discussed. Then father cooks chicken breasts with curry, a quickly prepared meal that smells wonderful and is also healthy. Mr and Mrs Kästner cook on alternate days, sometimes the children also help.

The atmosphere under the roof of the Breitner-Hof is extremely harmonious, the Kästners are not just housed here, they live here, and they live both consciously and well.

Wo sich's leben lässt –
Martin Stacherl auf seiner Terrasse

*Where life can be enjoyed –
Martin Stacherl on his terrace*

NUR FLIEGEN IST SCHÖNER

Im 17. Stock des Block B der zu Wohn- und Bürohäusern umgebauten ehemaligen Wiener Gasometer wohnt der Reisebürochef und Hobbyflieger Martin Stacherl in einer 130 m² großen Terrassenwohnung. Ein Wohngefühl, das sich zwar erleben, aber kaum beschreiben lässt. Ganz Wien liegt einem da oben zu Füßen. Ein Luxusdomizil, das der Single nicht mehr verlassen möchte.

Der Mann versteht zu leben. Martin Stacherl, 41, öffnet eine Flasche eiskalten kalifornischen Chardonnay und schenkt ein: „Ich liebe diese Wohnung."
Es ist noch hell draußen. Wir gehen die paar Stufen der Maisonettenwohnung hoch. Da oben hat Stacherl sein Schlafzimmer eingerichtet. Ein Sandwich zwischen zwei 20 m² großen Terrassen. Wacht er nach Norden hin auf, sieht er Platte und Prater (ein endlos weiter Grüngürtel), sein Blick streift das Ernst-Happel-Stadion, zukünftiger Schauplatz des Fußball-EM-Finales 2008, und endet in der City. Wacht er nach Süden hin auf, kann er bei halbwegs gutem Wetter Laaerberg, Böhmischen Prater, ja sogar Zentralfriedhof und Lueger-Kirche sehen. Und das neue, architektonisch einmalige T-Mobile-Gebäude.
So lässt sich's leben: gedämpfter Tangentenlärm, zwei Traum-Ausblicke („Zu Silvester bin ich immer ausgebucht.") und eine perfekte Infrastruktur. In knapp zehn Minuten ist der geschäftsführende Gesellschafter mit der U3 bei seinem Reiseunternehmen am Ring. In 150 Meter Entfernung, gleich beim Eingang von Block A, befindet sich die U-Bahn-Station. Wenn Gasometer-Mieter Stacherl auf die Benützung seines Autos oder seine Motorrades verzichtet, kann er die City und andere Gegenden der Bundeshauptstadt bequem „öffentlich" erreichen.
Als die einzigartige Idee geboren wurde, die ehemaligen Simmeringer Gasometer, deren letzter 1986 stillgelegt wurde, nicht nur unter Denkmalschutz zu stellen, sondern sie auch zu Wohn- und Bürohäusern mitsamt Freizeiteinrichtungen umzubauen, bedachte man

This man knows how to live: 41-year-old Martin Stacherl opens a bottle of ice-cold Chardonnay and pours me a glass: "I adore this flat".
It is still bright outside. We go up the few steps in his maisonette apartment. Stacherl has his bedroom on this higher level, sandwiched between two 20 square metre terraces. When he awakens facing north he sees the slab built over the Danube motorway and the Prater (a seemingly endless belt of greenery), his gaze wanders across the Ernst Happel Stadium, where the finals of the 2008 European football championships will be held, and ends at the inner city. If he wakes up facing south and the weather is halfway decent, he can see Laaerberg, the Böhmischer Prater, and even the Zentralfriedhof (Central Cemetery) with the Lueger church – and also the new, architecturally unique T-Mobile building.
This is how to live: the distant sound of traffic on the Tangente motorway, two marvellous views ("I am booked out on New Year's Eve, as all my friends want to enjoy the view of the fireworks from here.") and a perfect infrastructure. The director and joint owner of a travel company can reach his office on the Ringstrasse in only 10 minutes with the U3 Underground line. The Underground station is only 150 metres away, at the entrance to block A. If gasometer tenant Stacherl decides not to use his car or motorbike he can easily reach the city centre and other areas of the capital by public transport.
When the novel idea surfaced of converting the Simmering gasometers (the last of which was closed down in 1986) into office and apartment buildings with ancillary recreational

ONLY FLYING IS BETTER

Travel company boss and amateur pilot Martin Stacherl lives on the 17th floor of one of the gasometers in Vienna that have been converted into flats and offices. His flat boasts a floor area of 130 square metres and two terraces. The quality of the living space is more easily experienced than described: the whole of Vienna lies at your feet. This single man wishes never to move out of his luxury home.

Bank Austria Halle
KUNDENCENTER
GASOMETER TOWN

Faszinierendes Wohnen in alten Industriegebäuden (links); Martin Stacherl legt wert auf Stil in seiner Wohnung (unten)

Fascinating living in an old industrial building (left); Martin Stacherl likes his flat to look stylish (below)

Eine Maske aus Jamaika weist den Weg zum Treppenaufgang

A Jamaican mask shows the way to the stairs

klugerweise, dass das Mammutprojekt nicht nur entsprechende Garagenplätze benötigen, sondern ohne entsprechende Anbindung ans öffentliche Verkehrsnetz wohl einiges an Attraktivität verlieren würde. Die Planer lagen richtig: Heute erreichen mehr als 1500 Menschen in 602 Miet- und Eigentumswohnungen, die rasch vergeben waren, und 247 Studentenheimbewohner auch mit der U-Bahn ihr Zuhause. Und jene, die in die Shopping-Mall mit ihren rund 70 Geschäften bummeln, einkaufen oder essen kommen wollen oder die rund 4000 Zuschauer

facilities, instead of just listing them as public monuments, the planners reckoned not only that such a mammoth project would require sufficient garage spaces but also that, without proper connection to the public transport network, the project would be considerably less attractive to potential residents. The planners were perfectly correct in their assumptions. Today more than 1,500 people in the rented and owner-occupied apartments (which were rapidly let or sold) and the 247 students in the student residence often travel to and from their homes by Underground. And

Der Vorraum ist ins riesige Wohnzimmer integriert

The hall is integrated in the enormous living room

fassende Veranstaltungshalle besuchen wollen, können auf ihr Auto verzichten und sich damit den Parkplatz-Stress ersparen.
Genau diese Einrichtungen sind es, die Martin Stacherl, Mieter im vom mittlerweile weltberühmten österreichischen Architektenteam Coop Himmelb(l)au errichteten Block B, so erfreuen: „Ich nütze die Einrichtungen, die es hier gibt, voll aus. Ich kann, wenn ich will, in Hauspatschen in den Drogerie- oder Supermarkt einkaufen gehen. Dann nur in den Lift und wieder hinauf in die Wohnung."

people that come to the shopping mall (that has around 70 shops) to stroll, shop or eat or those attending events in the hall, which seats 4000 spectators, can leave their cars behind and save themselves the bother of searching for a parking space.
It is precisely these facilities that Martin Stacherl, who lives in block B that was planned by the world-renowned Austrian architects Coop Himmelb(l)au, so appreciates. "I utilize all the amenities available here. If I want, I can go to the drugstore or the supermarket in my slippers. Then I

Flieger Stacherl bildet sich mit Fachlektüre

Captain Stacherl studying aviation literature

Single Stacherl beim Hantieren in der Küche

Stacherl, a bachelor, busy in his kitchen

Praktisch vor der Haustür gibt es auch eine Apotheke. Und dann, so Stacherl, könne er sich an einer sehr guten Cocktail-Lounge einen Drink genehmigen, ins Kino gehen oder die multikulturelle (Fastfood-)Gastronomie ausnützen. Er gehört jedenfalls zu den Mietern, die diese Angebote eifrig nützen, wenn auch immer wieder zu hören ist, dass manche Shops Probleme haben und einige auch schon zusperren mussten.
Stacherl hat früher in Hetzendorf in „einer Zwei-Zimmer-Genossenschaftswohnung aus den 60er-Jahren mit allen Nachteilen" gewohnt. Der Weg zu seiner damaligen Arbeitsstätte, der AUA in Schwechat, war sehr weit, und auch die Wohn-Gegend machte ihn nicht glücklich. Doch „das hier ist eine Art des städtischen Lebens, die eine andere Qualität ist".
Glück und Zufall halfen ihm bei der Veränderung seiner Wohn- und Lebensqualität. Er bekam von einem Freund einen Tipp, dass in den neu errichteten Gasometern eine Wohnung frei sei. Der Vormieter war – man kann es fast nicht glauben – vom Vertrag zurückgetreten. Weil ihm letztlich die Farbe der Fliesen nicht passte ...

just hop into the lift and am back in my apartment in no time."
There is also an apothecary practically beside the entrance to the building. And, says Stacherl, he can take a drink in an extremely good cocktail bar, go to the cinema or enjoy a meal in one of the multi-cultural (fast food) restaurants. He is certainly among the tenants who exploit the full range of what is offered here, although one hears from time to time that a number of the shops have problems and some have even been forced to close down.
Stacherl previously lived in Hetzendorf in a "two room housing cooperative flat from the 1960s with all the usual disadvantages". The journey from home to his workplace at the time (Austrian Airlines in Schwechat) was a long one and the district he lived in did not particularly appeal to him. But "what I have here is a kind of urban life, a different quality".
It was chance and a stroke of good luck that helped him change his address and radically improve his quality of life. A friend tipped him off that a flat in one of the newly converted gasometers was available. The previous tenant

Herr Stacherl zögerte keine Sekunde: Er wurde Mieter in der Gasometer-City und ließ Teile der Standardausrüstung wie etwa den Spannteppich oder das Linoleum im Vorzimmer austauschen. Aber man konnte vom Bauträger – in diesem Fall die Wohnbauvereinigung der Gewerkschaft der Privatangestellten – bei diesen Grund- und Baukosten nicht auch noch Luxuseinrichtung verlangen. Stacherl investierte inklusive Sonderausstattung etwas mehr als 70.000 Euro. Am 3. August 2001 zog er mit zwei voll gepackten Koffern in die 130 m² große Wohnung ein. Seither zahlt er etwa 700 Euro pro Monat für Miete und Hausbetriebskosten. Dazu kommen 120 Euro monatlich für die Garage (jede Wohnung hat eine eigene), in der er Auto, Motorrad und Fahrrad abgestellt hat.

Alles in allem ist die Wohnung für das, was sie an Lebensqualität bietet, eine „Mäzie". Stacherl ist sich dessen bewusst: „Ich plane in jedem Fall, hier zu bleiben, in sieben Jahren kann ich die Wohnung kaufen, und das werde ich auch tun. Man wird schließlich sesshafter, wenn man älter wird."

had withdrawn from the rent contract – difficult though this is to believe – because he did not like the colour of the tiles!

Mr Stacherl did not hesitate a second: he became a tenant in the Gasometer City and had some of the standard fittings in the flat replaced, such as the fitted carpet and the linoleum in the hall. Given the cost of the construction and the site one could not expect luxury fittings from the developer, the Wohnbauvereinigung der Gewerkschaft der Privatangestellten (Housing Association of the Union of Private Employees). So Stacherl invested a sum of more than 70,000 euro in the exclusive fitting-out of his new home. On 3 August 2001 he moved into the 130 square metre apartment with two stuffed suitcases. Since then he pays around 700 euro a month for rent and service charges and an additional 120 euro monthly for the garage (each apartment has its own) in which he parks his car, motorbike and bicycle.

All in all, given the quality of life it offers, the apartment is a "bargain", a fact that Stacherl is fully aware of: "I plan to stay here whatever the case, in seven years I will have the

Bilder unbekannter Meister stehen herum

Paintings by unknown masters lean against the walls

Martin Stacherl will auf jeden Fall in dieser Wohnung bleiben

Martin Stacherl definitely wants to stay in this flat

Die eigentlich als Zwei-Personen-Unterkunft konstruierte Wohnung ist vom Single Stacherl nach seinen Bedürfnissen adaptiert worden. Eine offene Wohnküche, die selten genützt wird. Wenig, aber dafür feines Geschirr. Kein Vorraum, weil dieser ins riesige Wohnzimmer integriert ist. Parkettboden, Designmöbel als Einzelstücke. Was man halt so braucht: Tische, Couches. Holz, Stahl, Leder dominieren. Eine Stereo-Anlage, Jazz-CDs. Eine kleine Bibliothek mit wenigen, aber hochwertigen Büchern: Stefan Zweig, Böll, Klaus Mann, Joseph Roth, Reisebücher, Guides. Einige Mitbringsel von Reisen in die weite Welt. Ein grüner Tropenhelm aus dem Norden Vietnams. Nordthailändische Seidenpölster. Jamaikanische Masken. Zahlreiche Porträts (Öl auf Leinwand): Geschenke seiner Eltern. Er kennt weder die Namen der Meister noch die der Porträtierten. Aber die Bilder vermitteln einen interessanten Kontrast zur sonstigen Kargheit der Designerwohnung.
Stacherl hält sich viel und gern auf seinen Terrassen auf. Selbst im Februar oder März, wenn die Wintersonne versucht, ihre noch matten Strahlen auszusenden. Im Frühsommer kann er dann seinen Feigenbaum, den wilden Wein oder die Ribiselstauden pflegen, die bereits im zweiten Jahr Früchte trugen. Das Frühjahr ist auch jene Zeit, in der Stacherl sein Rad packt und über den so genannten Gaswerksteg den Donaukanal Richtung Prater überquert. Sein Lieblingsziel: das Schweizerhaus.
Oder er frönt seinem ganz großen, etwas teureren Hobby: dem Fliegen mit einmotorigen gemieteten Maschinen österreichischer Bauart, denn einen Minijet zu besitzen könnte sich auch Stacherl nicht leisten. Meist ist der Start in Wiener Neustadt, der weiteste Flug führte bisher nach Mali Losinj auf „eine Jause". Selbst zu fliegen, sagt Stacherl, sei das schönste auf der Welt. Aber das Wohnen in seiner Wohnung im Gasometer, so der Hobbypilot, käme diesem Gefühl schon ziemlich nahe.
Dem ist durch den Betrachter nichts hinzuzufügen.

Ein großer Horizont – Blick aufs erneuerte Wien

A broad horizon – a view of renovated Vienna

opportunity to buy the apartment, which is what I'll do. After all, the older you get the more settled in your ways you become."
The bachelor Stacherl has adapted the flat (originally planned for two people) to suit his particular needs: an open kitchen that is rarely used, the little china he has is of the finest quality. No separate hall, as the space is integrated in the enormous living room. Parquet flooring with individual pieces of designer furniture. The things one needs: tables and couches, wood, steel and leather are the dominant themes. A stereo system, jazz CDs, a small library with works by Stefan Zweig, Böll, Klaus Mann, Joseph Roth, along with travel books and guides. A number of souvenirs from trips abroad: a green tropical helmet from northern Vietnam, silk cushions from northern Thailand, Jamaican masks. Numerous portraits (oil on canvas) that were presents from his parents. He knows neither the names of the painters nor of the people portrayed. But the pictures provide an interesting contrast to the otherwise bare quality of the designer apartment.
Stacherl likes to spend a lot of time on the terraces, even in February or March, whenever the winter sun emits its feeble rays. In early summer he can tend his fig tree, the Virginia creeper or the redcurrant bushes – that already bore fruit in their second year. Spring is also the time when Stacherl likes to get on his bike and pedal across the Donaukanal to the Prater via the so-called Gaswerksteg (gasworks bridge). His favourite goal is the Schweizerhaus, a well-known traditional restaurant.
Or else he cultivates his main, rather expensive hobby: piloting an Austrian-manufactured single motor airplane, which he rents (he could not afford to buy a mini-jet). Generally he starts from Wiener Neustadt, his longest flight so far brought him to Mali Losinj for, as he says, "a snack between meals". Stacherl says that flying one's own plane is the finest thing in the world. But, says the amateur pilot, living in his flat in the gasometer comes a very close second to this feeling.
This commentator has nothing further to add.

Die Rechnung ist aufgegangen

The calculations have proved right

Der neue Pawlatschenhof in der Heumühlgasse 5

The new pawlatschenhof in 5 Heumühlgasse

BÜCHER, PUPPEN UND PAWLATSCHEN

In einem kleinen, aber feinen Stiftungshaus im vierten Wiener Gemeindebezirk ist die gute alte Zeit auferstanden. Neun Wohnparteien sind seit vier Jahren Mieter von komplett sanierten Wohnungen. Auf ihren Wunsch hin hat der Bauträger GESIBA einen Innenhof begrünen und durch den Zubau von Balkonen einen Pawlatschenhof entstehen lassen. Und zwei ambitioniert geführte Handwerksbetriebe trotzen dank einer vernünftigen Mietpolitik der Globalisierung.

Nein, diese Arbeit traut man der zierlichen Frau – behaftet mit den üblichen männlichen Vorurteilen – nie und nimmer zu: Papier schneiden, kleben, falzen, alles mit traditionellen Maschinen, stundenlang im Betrieb stehen, dazu Aufträge entgegennehmen und abrechnen. Aber Marie-Sophie Machatschke, 33, die nach dem ersten Eindruck Sozialwissenschaftlerin oder Lehrerin sein könnte und das Deutsch einer höheren Tochter spricht, hat nun einmal seit ihrer Kindheit eine fast erotische Beziehung zu Papier und Büchern. Daher entschloss sie sich nach der Matura zu einem ungewöhnlichen Schritt. Sie ging in die Buchbinderlehre und lernte in mehreren Betrieben „von der Pike auf".
Jetzt besitzt sie seit sieben Jahren eine von 42 noch bestehenden Buchbindereien in Wien. Einen altehrwürdigen Betrieb, der seit 150 Jahren existiert, hat sie damals erworben. Aber während noch ihr Vorvorgänger vier Arbeiter beschäftigte, die in der kleinen Werkstatt teilweise ohne Tageslicht arbeiteten, macht Frau Machatschke – den Erfordernissen der Zeit gehorchend – alles allein. Nur so überlebt man heute als Handwerks- und Gewerbebetrieb; die Chancen steigen, wenn man sich klugerweise spezialisiert. Wie in diesem kleinen Wiedner Unternehmen (eine Schwester hilft noch als geringfügig Beschäftigte aus), wo vor allem Reparaturarbeiten stattfinden, also zerfledderte, aber wertvolle Kochbücher, Kinderbücher oder Lexika „geflickt" werden.

Marie-Sophie Machatschke

Manfred Reichel

Someone burdened with the traditional male prejudices might find it hard to imagine that such a delicate woman could carry out this kind of work: cutting paper, gluing and folding it using traditional machines, standing for hours in the business and also taking commissions and doing the accounts. But Marie Sophie Machatschke, 33, who on first impression could be a social scientist or a teacher and who speaks the German of an upper-middle class young lady has, since her childhood, had an almost erotic relation to paper and books. On this account when she had completed her grammar school education she took a rather unusual step. She took an apprenticeship in bookbinding and learned her craft "from the bottom up" in a number of different firms.
For the last seven years she has owned one of the 42 still existing bookbinders in Vienna. She bought an old business that had been in existence for 150 years. But whereas her predecessor had employed four workers, some of whom had to work in the tiny workshop without natural light, Ms Machatschke does everything herself in response to the demands of our times. This is the only way a handcraft business can survive these days, and your chances improve if you are clever and specialize. Like in this small business in Wieden (a sister helps out as a part-time employee), which concentrates on the restoration of tattered but valuable cookery books, children's books and lexicons. There are enough customers for this kind of work and indeed the stock of customers has even increased.

BOOKS, DOLLS AND PAWLATSCHEN

In a small but elegant* Stiftungshaus *(endowment property) in the fourth district of Vienna, the good old days have been revived. Since four years ago nine tenants have rented completely renovated apartments here. In response to their wishes the developer GESIBA has planted greenery in the courtyard and, by the addition of balconies, created a kind of* Pawlatschen *(traditional open access deck) courtyard. Two craft businesses also housed in the building, which are run in an ambitious, energetic way, are able resist the pressures of globalisation thanks to the reasonable rental policy.

Der sanierte Eingang
des Stiftungshauses

*The renovated
entrance to the
endowment house*

Aus alten werden „neue“ Bücher

Old books restored to look like new

Klein, aber fein – die Buchbinderwerkstatt

Small but elegant – the bookbinder's workshop

Der Kundenstock dafür ist vorhanden, ja sogar größer geworden. Zum Glück scheint es mittlerweile auch mehr Menschen zu geben, die das Schöne schätzen – und sich das etwas kosten lassen. „Wir brauchen keine Werbung zu machen, in unserer Branche passiert viel durch Mundpropaganda.“

So verhält es sich auch beim Geschäftsnachbarn der Buchbinderin: Seit acht Jahren betreibt der gebürtige Niederösterreicher Manfred Reichel in einer ehemaligen Trachtenschneiderei in der Heumühlgasse 5 eine „Puppenklinik“, in der Puppen und Teddys repariert oder auch aus angekauftem Altbestand neu gestaltet und verkauft werden. Reichels Kundenstock ist auf keine Zielgruppe beschränkt: ganz klein bis ewig jung geblieben – die Klientel ist genügend groß, um davon leben zu können.

Fleiß, Cleverness und Geschicklichkeit der beiden Mini-Unternehmer sind die eine Ursache dafür, dass es diese beiden nostalgisch anmutenden Betriebe noch gibt. Eine andere Ursache ist das Engagement der gemeinnützigen GESIBA, die die Sanierung durchführte: Es wurden nicht nur vor Jahren, im Einvernehmen mit dem Altstadt-

Fortunately there now seem to be more people around who appreciate beauty and are willing to pay something for it – "We don't need to advertise, in our line of business word of mouth plays a very important role."

The situation for the bookbinder's neighbour is similar. For the last eight years the native Lower Austrian Manfred Reichel has run a "dolls' clinic" in a former traditional Austrian costume tailors at 5 Heumühlgasse, where dolls and teddy bears are repaired or the existing stock (acquired over the years) is repaired and offered for sale. Reichl's customers do not come a narrowly defined target group but range from the very young to the young at heart – the clientele is sufficiently numerous to allow him live from the business.

Industriousness, cleverness and skilfulness on the part of these mini-entrepreneurs are part of the reason that these two apparently nostalgic businesses still exist. Another reason is involvement of the non-profit GESIBA, which carried out the renovation work. Not only were the façades and shop fronts restored years ago in collaboration with the old city preservation fund, but, after the completion of the works, socially acceptable rents were set. Ms Machatschke

Fleiß, Cleverness und Geschicklichkeit bei Marie Sophie Machatschke

Marie Sophie Machatschke, hardworking, clever and skillful

erhaltungsfonds, die Fassaden und Kastenportale nach historischen Vorlagen rekonstruiert, es werden vor allem auch nach der Sanierung sozial verträgliche Mieten eingehoben. Frau Machatschke etwa bezahlt für ihr Geschäftslokal monatlich 252 Euro Miete inklusive Betriebskosten. Hausverwalter Otto Hadwiger: „Wir legen wert auf einen angemessenen und sozialen Preis, sonst stehen die Geschäfte leer."

Die Sockelsanierung des 1875 errichteten Hauses Heumühlgasse 5 wurde im Jahr 2000 nach 14-monatiger Bauzeit abgeschlossen. Die GESIBA fungierte dabei als Stiftungsverwalter der „Julius und Theresia HÖNIG'schen Stiftung". In Wien existieren noch zahlreiche solcher Stiftungshäuser aus dem 19. Jahrhundert. Sie stellen einen Vermögensbestandteil der für wohltätige Zwecke errichteten Stiftungen dar. Damals gab es noch keine soziale Gesetzgebung im heutigen Sinn, so dass die Wohlfahrt privaten Einrichtungen vorbehalten war. Die Stiftungshäuser wurden der Stadt Wien von zu Reichtum

pays a monthly rent of 252 euro, including service charges, for her premises. Property manager Otto Hadwiger: "We place considerable emphasis on appropriate and socially acceptable rents, otherwise the premises would remain empty."

The basic renewal of no. 5 Heumühlgasse, which was built in 1875, was completed in 2000 following a construction period of 14 months. GESIBA functioned as the administrator of the Julius and Theresia Hönig Foundation that had erected the building. There are numerous such endowment buildings still in existence in Vienna, dating mostly from the 19th century. They represent part of the assets of foundations originally set up for charitable purposes. At the time such foundations were established there was no social policy or legislation in the present-day sense, so that charitable work was the domain of private institutions. These endowment buildings were donated to the City of Vienna by prosperous citizens with the provision that the income they produced must be used for the needy.

Manfred Reichel in seinem Puppenkönigreich

Manfred Reichel in his world of dolls

BUCHBINDEREI
5
BUCHBINDEREI
gegründet 1850

Geschäfte leben dank sozialer Mieten

Businesses can survive, thanks to social rents

Schmuckkästchen Heumühlgasse

A jewel on Heumühlgasse

gekommenen Bürgern gewidmet, mit dem Auftrag, die Erlöse bedürftigen Menschen zweckgebunden zukommen zu lassen.

Die Gesamtbaukosten des Projektes betrugen etwa eine dreiviertel Million Euro. Unter anderem wurden Straßen- und Hoffassade erneuert, der Dachstuhl instand gesetzt, Wärmeschutzfenster eingebaut, sämtliche Leitungen neu gelegt, eine Gegensprechanlage eingebaut, eine Gemeinschaftswaschküche und ein Müllraum eingerichtet. Darüber hinaus durften die Mieter, die während der Sanierungsarbeiten eingebunden waren, noch Sonderwünsche äußern. Die Folge: Ein ebenerdiges, leer stehendes Hofgebäude wurde abgerissen und durch eine Grünfläche ersetzt, die jetzt als Liege- und Spielwiese dient. Noch viel nachhaltiger veränderte jedoch ein weiterer – sehr origineller Mieterwunsch – das Haus: Durch den Einbau von Balkonen entstand ein romantischer Pawlatschenhof (tschechisch „pavlač" = Balkon, offener Hausgang, auch Tribüne, Bühne im Freien), wie er nur noch in wenigen Wiener Biedermeierhäusern zu finden ist.

The total building cost of the project amounted to three-quarters of a million euro. The street and courtyard façades were renewed and the roof trusses were strengthened. Thermal glazing was built in, all the service runs were renewed, an intercom service was provided at the entrance to the building, and a communal laundry room and a space for the garbage bins were made.

In addition the tenants who were involved in the renovation works were allowed to state their own particular wishes. The outcome: an empty single-storey structure in the courtyard was demolished and replaced by a green area that now serves as a place to relax or play. A second and more unusual wish on the part of the tenants has altered the building in Wieden in a more long-lasting way: by the addition of balconies a romantic pawlatschen courtyard (this Viennese term is derived from the Czech word pavlač, which means balcony or open access corridor, also an outdoor stage or stand) has been created, similar to the few still to be found in a number of Viennese buildings dating from the Biedermeier period.

Makabres Ersatzteillager

A macabre spare-parts store

Trotz all dieser baulichen Veränderungen haben die Mieten in den neun Wohnungen, die in der Regel 60 bis 70 m² groß sind und deren größte 170 m² beträgt, durchaus verträgliche Ausmaße: Sie bewegen sich im Schnitt bei fünf Euro pro Quadratmeter. Es gab allerdings auch Mieter, die sich diese Miete nicht leisten konnten oder wollten. Sie haben mittlerweile in anderen Objekten des Bauträgers günstigere Ersatzwohnungen gefunden.
Alles in allem ist aus der Heumühlgasse 5 ein Schmuckkästchen geworden: Nach außen hui – und nach innen hui. Ein Stück altes, gemauertes Wien existiert weiter, schön anzuschauen und jetzt wieder durchaus fähig, auch die nächsten Jahre und Jahrzehnte zu überleben.

Despite the extent of the construction work the rents in the nine flats, generally between 60 and 70 square metres in size and the largest of which is 170 square metres, are reasonable: they amount on average to five euro per square metre. There were also tenants that could not or did not want to pay these rents. They have in the meantime found cheaper replacement flats in other buildings owned by the developer.
All in all number 5 Heumühlgasse has become a gem: Queen Anne in front – and Queen Anne behind also. A built piece of old Vienna has been preserved, is once again beautiful to look at and is now equipped to face the years and decades to come.

Romantisches Wohnen bei günstigen Mieten

Romantic living at reasonable rents

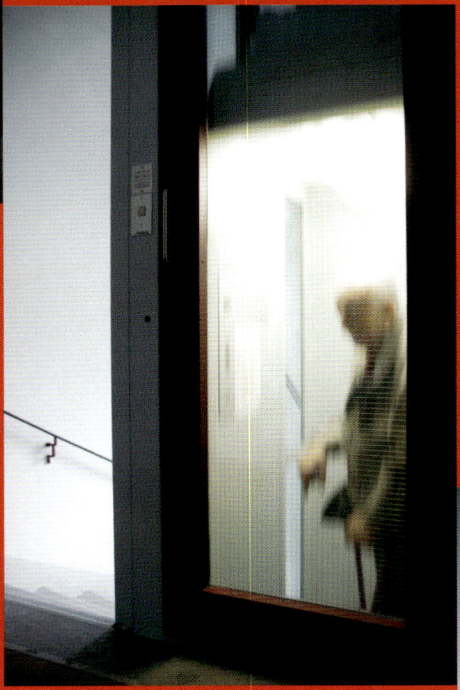

Kurt Treml –
ein Lift erleichtert das Leben
des invaliden Bewohners

Kurt Treml –
a lift makes the disabled resident's
life easier

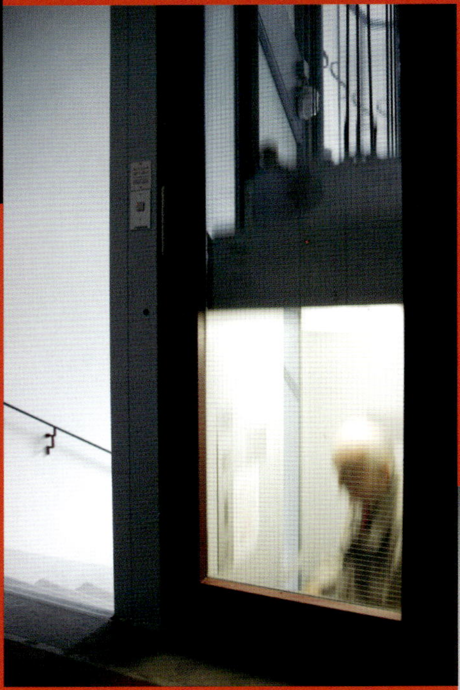

AUF UND AB

Kurt Treml ist 77 – fast genauso lang wohnt der Pensionist im Karl-Marx-Hof. Seit vor einigen Jahren auf seiner Stiege im Zuge der Sanierung des berühmtesten aller Wiener Gemeindebauten ein Lift eingebaut wurde, ist das Leben für den Kriegsinvaliden um einiges leichter geworden.

Die Wohnung auf Stiege 56 ist 54 m² groß: eine Mixtur aus Büro, Lazarett und angesammelten Einrichtungsstücken. Manches wirkt museal, wie beispielsweise ein mittlerweile funktionsloser Meller-Kamin. Irgendwo in der engen Bauernstube, ausgestattet mit einem selbst geschnitzten Zirbelholz-Kasten, einer Blümchentapete und einer Kuckucksuhr, nehmen wir Platz.

Kurt Treml kann viel über sich selbst und die ereignisreiche Geschichte des Karl-Marx-Hofes erzählen. Er ist immer noch Mieter-Vetreter, „bis sich jemand findet“, sagt er. Er wohnt – mit Unterbrechungen, die allerdings sein Leben entscheidend beeinflussten – seit 76 Jahren hier. Hier, in der Heiligenstädter Straße lebt er, im Vorzeigebau des Roten Wien – für knapp 200 Euro im Monat.

Als Treml das Licht der Welt erblickte, wurde an der legendären „Arbeiterburg“, die der Otto-Wagner-Schüler Karl Ehn geplant hatte, noch gebaut. Schließlich wohnten im mehr als ein Kilometer langen Marx-Hof einst 5000 Menschen auf einer Gesamtfläche von 156.000 m². Und der Karl-Marx-Hof bot alle Vorteile, die ein Gemeindebau der Zwischenkriegszeit zu bieten hatte. Mehr als 80 % der Fläche waren nicht bebaut, sondern wurden als Wege, Plätze, Spiel- und Gartenflächen genutzt. Es gab eine perfekte Infrastruktur, wie man sie heute kaum mehr findet, mit zahlreichen Gemeinschaftseinrichtungen: eine Mutterberatungsstelle, eine Bücherei, Kindergärten, Wäschereien, Bäder mit Wannen und Duschen, mehr als zwei Dutzend Geschäfte ...

The flat on Stairs 56 is 54 square metres in area: a mixture of office, sick bay and collected memorabilia. Some of the pieces are reminiscent of a museum such as a Meller stove that is no longer functional. We seat ourselves somewhere in the rustic style living room with its Swiss stone pine chest (which Mr Treml made himself), flower pattern wallpaper and a cuckoo clock.

Kurt Treml can tell a great deal about himself and the eventful history of the Karl-Marx-Hof. He is still a member of the tenants association, "until they find someone else", as he says. He has lived here with a few interruptions – that did however exert a decisive influence on his life – for 76 years. He lives on Heiligenstädter Strasse in the model building of Red Vienna for a rent of just 200 euro a month.

When Treml was born work was still being carried out to the legendary "workers' palace" planned by Otto Wagner-student Karl Ehn. In the Karl-Marx-Hof, which is more than a kilometre long, more than 5,000 people once lived on a total area of 156,000 square metres. And the building offered all imaginable facilities that a council housing block from the interwar period had to offer. More than 80 per cent of the site area was not built upon but was used for paths, squares, play and green areas. There was a perfect infrastructure, such as is rarely found nowadays, with numerous communal facilities: a mothers' advice centre, a library, nursery school, laundries, baths with bath tubs and showers, and more than two dozen shops.

Naturally the standard of the apartments cannot be compared with that of modern flats. The primary concern was to provide bright and humane accommodation for the

UP AND DOWN

Kurt Treml is now 77 – and for almost his entire life this pensioner has lived in Karl-Marx-Hof. A number of years ago a lift was built into "his" stairwell in the course of the refurbishment of most famous of all Viennese council housing complexes, and ever since then life for this war invalid has become considerably easier.

Ein sehr aktiver Pensionist – trotz Behinderung

A very active pensioner – despite his disability

Natürlich ist der Standard der damals gebauten Wohnungen mit jenen von heute nicht zu vergleichen. Es ging zunächst einmal darum, dass die arbeitende Bevölkerung, von der ein Großteil in oft unvorstellbaren Verhältnissen wohnte, endlich helle und menschenwürdige Behausungen erhielt. Es wurden in wenigen Jahren mehr als 60.000 Gemeindewohnungen gebaut, da konnte keine Luxusqualität erwartet werden. Und sie wäre damals von den Mietern auch nicht zu bezahlen gewesen. WC und zumindest eine kleine Küche gehörten zur Grundausstattung jeder Wohnung. Baden ging man am Freitagnachmittag und Samstag in die Gemeinschaftseinrichtungen. Und Lifte waren in den engen Stiegenhäusern auch keine vorhanden.
Aber das war damals sekundär. Gegenüber jenen, die in den rundum liegenden Zinskasernen leben mussten, war man bereits Wohnelite. „Als Kind bin ich beneidet worden wie ein Prinz, schon allein wegen der schönen Spielplätze", erzählt Treml, dessen Großmutter noch sehr konservativ war, während sein Onkel beim sozialdemokratischen, paramilitärischen Schutzbund eine Funktion innehatte. Die Idylle im „roten Paradies" wurde durch den Bürgerkrieg im Februar 1934 beendet, der Karl-Marx-Hof zum umkämpften Objekt. Mehrere Bewohner des Gemeindebaus kamen ums Leben. Die Familie Treml hat vor der Schießerei rechtzeitig das Haus verlassen, vielleicht hat das ihr Leben gerettet.
Die Zeiten waren anders geworden, sie wurden noch sehr anders: Mit gerade 17 Jahren wurde Treml für einen Krieg, der nicht der seine war, an die Ostfront geschickt – im wahrsten Sinn des Wortes als Kanonenfutter. Die deutschen Truppen waren bereits auf dem Rückzug. Eine russische Granate traf den jungen Soldaten am rechten Bein. Es musste noch im Feldlazarett bis zum Oberschenkel amputiert werden.
Treml kam, wie so viele andere, als Invalide aus dem Krieg zurück. Er wurde in der Nachkriegszeit dennoch Möbeltischler, lernte dann den Job des Feinmechanikers, brachte es bis zum Werkmeister, wurde frühpensioniert und erlitt in der Pension drei Herzinfarkte. 1994 starb Kurt Tremls Frau: „Sie war ein sehr guter Mensch, aber der Krebs war stärker als sie." Seither lebt der aktive Pensionist, der Victor-Adler-Plakette und Ehrenzeichen des Kriegsopferverbandes sein eigen nennt, allein in seiner Wohnung im Karl-Marx-Hof. Seine Tochter kommt mehrmals in der Woche, um bei ihm aufzuräumen, Wege zu machen – und „weil man einfach eine Ansprache

working population who often lived in unimaginably poor conditions. In only a few years more than 60,000 council dwellings were built and it was therefore unreasonable to expect luxury, which the tenants could not have afforded in any case. A WC and at least a small kitchen represented the basic facilities in every flat. Baths were taken in the communal facilities on Friday afternoons and on Saturdays; there were no lifts in the narrow staircases.
But this was not of great importance at the time; in comparison with people who had to live in the surrounding tenements the residents of the new housing blocks were members of an elite. "As a child I was envied like a prince, on account of the fine playing facilities alone" recalls Treml, whose grandmother was extremely conservative while his uncle held a position in the social democratic paramilitary Schutzbund. The idyll in the "Red Paradise" was ended by the civil war in February 1934, in which Karl-Marx-Hof was a contested object. Several residents of the building lost their lives. The Treml family left before the shooting started, which perhaps saved their lives.
The times had changed and they were to change even more: at the age of only 17 Kurt Treml was sent to the Eastern front of a war which was not his – as cannon fodder in the truest sense of the word. The German troops were already retreating. A Russian grenade hit the young soldier's right leg. His leg was amputated up to the thigh in the field hospital.
Like so many others Kurt Treml returned from the war as an invalid. Still, in the post-war period he became joiner, he then learned the skills of a precision mechanic and advanced to the position of head workman. He received early retirement but has since suffered three heart attacks. Kurt Treml's wife died in 1994: "She was a good person, but cancer was stronger than she was." Since them the busy pensioner, who has Victor Adler insignia and commendations from the War Victims' Association, has lived alone in his flat in Karl-Marx-Hof. His daughter calls by several times during the week to tidy up his flat and "because one simply needs somebody to talk to". In addition a mobile district nurse looks in on Mr Treml regularly.

Der Krieg hat alles verändert

The war changed everything

Ein Bett-Haltegriff wie im Spital

Grips to the bed, like in hospital

Musik zum Mitsingen

Music to sing along to

Arbeit für die Mieter

Working for the tenants

The flat has been adapted to suit a disabled person: the bed has grips like in a hospital bed so that he can raise himself up, there is a disabled WC, crutches and a wheel chair. With the help of an apartment improvement loan Kreml had a tiny shower cubicle built in. Nevertheless, he could not remain in his beloved Karl-Marx-Hof had Vienna's City Fathers not decided a while ago to include council housing from the interwar period in the urban refurbishment scheme.

At the beginning of the 1990s a gigantic renovation campaign was carried out in the Karl-Marx-Hof at a total cost of 28 million euros. Flats were knocked together and connected to the district heating system. New, better fitting windows were fitted but still using the famous type with multiple glazing bars that is such an important feature of Vienna council housing. Hundreds of new water pipes had to be laid, fuse boards were fitted – around 2,500 residents now have a higher quality of life than before. One of the most important improvements was the construction of dozens of lifts, which represent a blessing for the older residents.

There is also a lift on the staircase where Mr Treml lives, as well as a stairs lift, which brings him and other disabled residents from the entrance to the lift. 15 years ago Mr Treml could still manage to climb up and down the stairs to

braucht“. Zusätzlich kümmert sich eine mobile Krankenschwester um Treml.
Die Wohnung ist behindertengerecht ausgestattet: ein Bett mit Haltegriff zum Hochziehen, wie es in jedem Spital gang und gäbe ist, ein Behinderten-WC, Krücken, ein Rollstuhl. Mit Hilfe eines Wohnungsverbesserungskredites ließ Treml eine winzige Duschkabine einbauen. Dennoch könnte er in seinem geliebten Karl-Marx-Hof nicht mehr leben, hätten Wiens Stadtväter nicht vor einiger Zeit beschlossen, auch Gemeindebauten der Zwischenkriegszeit in die Stadterneuerung einzubeziehen.
Anfang der 90er-Jahre wurde daher im Marx-Hof ein gigantisches Sanierungsprogramm um insgesamt 28 Millionen Euro realisiert. Wohnungen wurden zusammengelegt und ans Fernwärmenetz angeschlossen. Neue, dichtere Fenster wurden eingesetzt, die für den Wiener Gemeindebau so signifikante „Sprießel“-Form musste erhalten bleiben. Hunderte neue Wasserleitungen wurden verlegt, Sicherungen wurden eingebaut. Rund 2500 Bewohner haben jetzt eine weit höhere Lebensqualität als zuvor. Als eine der wichtigsten Neuerungen wurden Dutzende Lifte neu errichtet. Ein Segen für viele der älteren Bewohner.
Auch auf der Stiege, die Herr Treml bewohnt, gibt es jetzt einen Lift. Und einen Treppenlift, mit dem er und andere behinderte Bewohner vom Hauseingang zum Lift gelangen. Vor 15 Jahren schaffte Treml es noch, die Stufen in den dritten Stock hinauf- und auch wieder hinunterzusteigen. Mit fortschreitendem Alter und schwindender Kraft wäre das irgendwann unmöglich geworden.
Mit dem Lift geht jetzt alles bequem. Erstaunlich, wie es den Planern gelang, den modernen Fahrstuhl in das enge Stiegenhaus einzupassen. Auf und ab – man ist einfach unabhängiger, selbständiger, besonders, wenn man betagt oder behindert ist.
Auf und ab – Herr Treml kann ein langes Lied davon singen.

Unvergessen – Tremls verstorbene Frau

Unforgotten – Treml's deceased wife

the third floor apartment, as he grew older and his strength declined this became impossible.
With the lift everything is far more comfortable. It is extraordinary how the designers have succeeded in fitting the modern lift into the narrow staircase. Up and down – one is simply more independent, self-reliant, particularly as an elderly or disabled person.
Up and down – this is a theme Kurt Treml could write a book about.

KARL

Im Karl-Marx-Hof wurde ein gigantisches Sanierungsprogramm realisiert

A gigantic rehabilitation programme was carried out in the Karl-Marx-Hof

Am Spittelberg fand Wiens erste Mustersanierung statt

Spittelberg was the site of Vienna's first model rehabilitation

WO WIEN KULISSE IST

Zwei Frauen – Mutter und Tochter – führen am Spittelberg in Wien-Neubau ein traditionsreiches Gasthaus. Dieses würde nicht mehr existieren, hätten die Stadtväter Anfang der 70er-Jahre ihre Abriss- und Umbaupläne verwirklicht. Aber es kam alles anders.

Wie das riecht! Ein goldgelb gebackenes Wienerschnitzel vom Kalb mit Braterdäpfel und gemischtem Salat wird in den Schanigarten des „Gasthaus am Spittelberg" getragen. Der Cholesterinbomber alarmiert auch den Wirtshaushund: Lupo, der 5-jährige Yorkshireterrier, wedelt bereits mit dem Schwanz und ist dabei, seine Mitleid heischende Miene aufzusetzen.
Der bulgarische Koch, ein Zuwanderer, oder wie man in Wien sagt, „Zuagraster", hat das Essen gekocht. Sehr schnell hat er gelernt, was man hierzulande so liebt und schätzt. Bei den böhmischen Köchen in der österreichisch-ungarischen Monarchie war das nicht anders. Es gibt auch einige „gesunde" Speisen auf der Karte, wie etwa Spinatnockerl oder gefüllte Zucchini mit Tomatensauce. Aber verlangt wird doch eher Deftiges, wie Gulasch oder Zwiebelrostbraten. Die Gäste sind mehrheitlich Touristen, sie wollen Wienerisches verkosten.
Als die heute 63-jährige Gasthausbesitzerin Wilhelmine Federzuk das Lokal 1969 um rund 8700 Euro kaufte, war am Spittelberg keine Rede von Besuchern aus aller Welt, wie sie heute in das Viertel strömen. Die Gegend bestand aus Abbruchhäusern, und die sanierungswillige Stadt hatte viele davon den Spekulanten bereits abgekauft. Wiens Politiker schmiedeten Pläne: Es sollten moderne Platten-Neubauten mit Grünflächen entstehen.
Doch diese Planung führte zu einer der ersten bedeutenden Bürgerinitiativen Wiens. Angeführt von Architekturstudenten wurde das gemeindeeigene Restaurant

Manuela und Wilhelmine Federzuk mit dem Hund Lupo

Manuela and Wilhelmine Federzuk with their dog Lupo

The smell is fantastic! A veal Wienerschnitzel, fried to golden-yellow perfection, with pan fried potatoes and a mixed salad is carried into the schanigarten (outdoor seating area) of the "Gasthaus am Spittelberg". This cholesterol bomb also alarms the restaurant dog, Lupo, a five-year-old Yorkshire terrier, who is already wagging his tail and about to apply his most appealing facial expression.
The Bulgarian cook, an immigrant or, as the native Viennese say a Zuagraster (blow-in), prepared the meal. He has learned very quickly what people here like and appreciate. There is a parallel here to the cooks during the time of the Austro-Hungarian monarchy, most of whom came from Bohemia. There are also a few healthy dishes on the menu, such as spinach noodles or stuffed courgettes with tomato sauce. But generally the orders are for something heartier, such as goulash or fried sirloin steak with onions. Most of the guests are tourists eager to try something Viennese.
When the owner Wilhelmine Federzuk, who is now 63 years old, bought the restaurant lease in 1969 for around 8,700 euro there was no sign in Spittelberg of the tourists from all around the world who nowadays stream into the district. The area consisted of houses ready for demolition and the City, which wanted to refurbish it, had already acquired many of them from speculators. Viennese politicians hatched their plans: new prefabricated element buildings were to be erected here, interspersed with areas of greenery.
However, these plans provoked one of the first important citizens initiatives in Vienna. Under the leadership of

WHERE VIENNA RESEMBLES A STAGE-SET

Two women – a mother and daughter – run an old established restaurant in Spittelberg in Vienna-Neubau. If the City Fathers had carried out their demolition and new construction plans at the beginning of the 1970s this restaurant would no longer exist. But things turned out quite differently.

„Amerlingbeisel" besetzt und von dort aus die „Rettung des Spittelberges" ausgerufen. Denn schließlich hatte das Viertel Tradition – wenn auch eine sehr anrüchige. In der Vorstadt Spittelberg war es bereits um 1700 zu echten Bodenspekulationen gekommen. Ein Pächter parzellierte und verpachtete extrem kleine Parzellen. Nach Wiens zweiter Türkenbelagerung kam es zu einem

Der Wein gehört einfach zu Wien

Wine is simply a part of Viennese life

Statt Spelunken etablierte sich eine neue Gastronomie-szene

A new restaurant scene has replaced the old dives

architecture students the restaurant Amerlingbeisel (that was owned by the City) was occupied and used as a base for proclaiming "the rescue of Spittelberg". After all, this district had a tradition – albeit a somewhat dubious one.
In the suburb of Spittelberg ground speculation started as early as 1700. One lessor divided up sites and sublet them in extremely small lots. After the second Turkish siege of Vienna a building boom started in Spittelberg, Baroque buildings were followed by Biedermeier ones. The small size of the lots was the reason that, during the Gründerzeit era, only few of the existing buildings were demolished and replaced by new ones. But while the Neubau district as a whole developed into one of the so-called gutbürgerlich *(bourgeois) areas of Vienna and between 1790 and 1830 flourished as a centre of small industry where gold, silver and silk goods were produced, the Spittelberg area became an area for gambling, drinking and prostitutes. Gaming halls, low dives and brothels – until the interwar period of the previous century the area lived up to its seedy reputation.*
The fine old buildings had gradually decayed, but to demolish them would have been a great pity. The struggle turned out to be worthwhile. In 1973 Spittelberg was declared a conservation area. The refurbishment and the allocation of housing units was handed over to the GESIBA cooperative. Around 90 buildings were included in the renovation campaign, a large-scale project that extended over a number of years and was funded by the housing development and old town refurbishment campaign
The result was an exemplary renovation that has served as a model for several subsequent projects. A piece of old Vienna was preserved and revitalised. Many of the old buildings still bear historic names such as "Zum schwarzen Moren" *or* "Zu den zwei Goldenen Kreuzen"*.*
The social structure in the Spittelberg area changed dramatically as the result of the renovation. Well-off middle class people moved into the radically renovated and (in some cases) enlarged flats. Where artisans had once worked now craft shops, organic food or esoteric shops plied their wares. Instead of low dives and brothels a new restaurant scene developed with a good two dozen bars and restaurants. The almost unreal stage-set character of Spittelberg attracts both visitors from abroad as well as the native Viennese. The area becomes a special attraction in the weeks leading up to Christmas, when one of the most romantic Advent markets in Vienna is held there.

Bauboom am Spittelberg: zunächst Barock-, später Biedermeierhäuser. Die Kleinheit der Parzellen war auch Grund dafür, dass in der Gründerzeit der alte Baubestand nur geringfügig mit Neubauten aufgefüllt werden konnte. Doch während der Bezirk Neubau zu einem der so genannten gutbürgerlichen Bezirke Wiens heranwuchs und vor allem zwischen 1790 und 1830 eine industrielle Blütezeit durch Gold-, Seide- und Silberproduktion erlebte, verkam der Spittelberg zum Spiel-, Trink- und Hurenviertel Wiens. Spelunken, Spielhallen, Bordelle – bis in die Zwischenkriegszeit des vergangenen Jahrhunderts wurde die sündige Meile ihrem Ruf gerecht.
Die schönen alten Häuser verfielen zusehends. Doch gerade um sie wäre es schade gewesen. Der Kampf lohnte sich: 1973 wurde der Spittelberg zur Schutzzone erklärt. Die Sanierung und die künftige Wohnungsvergabe wurden von der Stadt Wien der Genossenschaft GESIBA übergeben. An die 90 Häuser waren in die Sanierung einbezogen, finanziert wurde das Riesenprojekt, das sich über viele Jahre erstreckte, mit Mitteln der Wohnbauförderung und des Altstadterneuerungsfonds.

Wilhelmine Federzuk did not take part in the renewal 30 years ago. During this period she sub-let her "Gasthaus am Spittelberg" to a pizzeria. One the one hand she was worried about the effects of the building dirt and dust, on the other she had to look after her mother who was seriously ill. She also balked at buying the building "Zum Schwarzen Adler", in which her restaurant was located, although it would have cost only 50,000 euro. A few years later she could have sold it, possible renovated, to the Vienna council and most likely have made a comfortable profit.
But she "took her restaurant back". A pizzeria is just not the right thing for the Spittelberg area. And she swears regretfully, "I will never let it again." Her daughter Manuela, by now 37 years old, has worked in the business for a long time, although she originally wanted to purse a different career. Since then the pair have gone through thick and thin together.
2004 was not a good year, above all for those restaurants that do a lot of their business in outdoor seating areas, the so-called schanigartens. *But, as Manuela Federzuk says, "You just have to get through times like that." She is*

Der Spittelberg vor der Sanierung

Spittelberg before renovation

Die Spittelberg-Kulisse lockt viele Besucher aus dem Ausland an

Spittelberg's stage-set quality attracts many foreign visitors

Das Ergebnis war eine Mustersanierung, die beispielgebend für viele andere noch folgende Projekte wurde. Ein Stück altes Wien wurde in seiner Substanz erhalten und revitalisiert. Viele der alten Häuser tragen noch historische Namen wie „Zum schwarzen Moren" oder „Zu den zwei Goldenen Kreuzen". Die Sozialstruktur im Spittelberg-Viertel änderte sich durch die Sanierung allerdings gehörig: Gutsituierte Mittelschicht zog in die von Grund auf erneuerten und teilweise vergrößerten Wohnungen ein. Und wo einst Handwerker gearbeitet hatten, boten nun Kunstgewerbegeschäfte, Bio- oder Esoterikläden ihre Waren an. Statt Spelunken und Bordellen etablierte sich eine neue Gastronomieszene mit gut zwei Dutzend Ess- und Trinklokalen. Das fast unwirklich kulissenhafte am Spittelberg lockt sowohl Besucher aus dem Ausland als auch Wienerinnen und Wiener an. Zur besonderen Attraktion wird das

convinced that it is easier to bridge such difficult times when one works in ones own business, as when things are financially difficult it is impossible to pay employees. Apart from summertime it is the weeks leading up to Christmas that bring the most business and the best takings in Spittelberg. The Federzuks erect a stand where they sell punch and various kinds of sweet things. They can then afford to close down during the cold weeks from January to mid-March (when business is anyway slow) and fly away – perhaps to the Caribbean. They pay 817 euro monthly for rent and service charges. Compared with many rents in privately owned buildings this is astonishingly reasonable. The interior of the restaurant, which has been regularly modernised, is best described as "modern rustic". Manuela Federzuk moved into the renovated building "Zum Schwarzen Adler" in 2003. One flat was available, a practical solution that saves her a lot of time travelling to and from work, as well as money. The flat that has a floor area of 92 square metres costs 930 euro monthly, including service charges. Manuela hopes that in the foreseeable

Viertel in der Vorweihnachtszeit, wenn dort einer der romantischsten Adventmärkte Wiens stattfindet. Wilhelmine Federzuk machte die Sanierung vor 30 Jahren nicht mit. Sie verpachtete während dieser Zeit ihr „Gasthaus am Spittelberg“ an eine Pizzeria. Einerseits hatte sie Angst vor dem Baustellenstaub, andererseits musste sie ihre schwer kranke Mutter pflegen. Sie scheute auch davor zurück, das Haus „Zum Schwarzen Adler“, in dem sich das Gasthaus befand, um bloß 50.000 Euro zu kaufen. Ein paar Jahre später hätte sie es der Gemeinde Wien in vielleicht saniertem Zustand verkaufen können und vermutlich einen tollen Gewinn gemacht.
Aber ihr Gasthaus „holte sie sich wieder zurück“. Eine Pizzeria ist ja doch nicht ganz das Richtige für den Spittelberg. Und sie schwor sich reumütig: „Nie wieder will ich verpachten.“ Tochter Manuela, mittlerweile 37, ist seit langem im Geschäft voll dabei, obwohl sie ursprünglich beruflich etwas anderes machen wollte. Seither geht man gemeinsam durch gute und schlechte Zeiten.
2004 etwa war kein gutes Jahr vor allem für jene Gastronomiebetriebe, die im Frühjahr und Sommer ihre Hauptumsätze in Gast- oder Schanigärten machen. „Aber“, so Manuela Federzuk, „da muss man durch.“ Leichter, so ist sie überzeugt, könne man derartige Leerzeiten überbrücken, wenn man „selbst im Geschäft stehe“, Angestellte zu bezahlen, sei dann nicht mehr möglich. Außer dem Sommergeschäft bringt das Vorweihnachtsgeschäft am Spittelberg die stärksten Einnahmen.
Da wird ein Stand aufgestellt und Punsch und allerlei Süßigkeiten verkauft. Dafür leistet man es sich dann, in der flauen und kalten Zeit von Jänner bis Mitte März zuzusperren und mitunter auch in die Karibik zu fahren. 817 Euro zahlt man monatlich an Miete und Betriebskosten für das Lokal. Verglichen mit vielen Lokalmieten in Privathäusern ist das erstaunlich günstig. Das Interieur des Gasthauses, das regelmäßig adaptiert wird, ist am ehesten mit „modern rustikal“ zu beschreiben.
2003 ist Manuela Federzuk in das sanierte Haus „Zum Schwarzen Adler“ eingezogen. Eine Wohnung war frei geworden. Eine praktische Lösung: Sie erspart viele Wege und auch Geld. Die Wohnung, die immerhin 92 m² groß ist, kostet 530 Euro monatliche Miete inklusive Betriebskosten. Nun hofft die Frau, dass in absehbarer Zeit am Spittelberg noch eine Wohnung frei wird, damit auch ihre Mutter dort einziehen kann.

Die Kobolde gehören zur Spittelberg-Szene

The kobolds are part of the Spittelberg scene

Jahrhunderte alte
Bausubstanz –
für Wien gerettet

*Centuries-old
buildings –
rescued for Vienna*

Ob ihre Kinder, 14 und zehn Jahre alt, so wie sie einmal ins Wirtsgeschäft hineinwachsen werden? Manuela Federzuk meint, das stünde absolut in den Sternen. Wichtig sei, dass beide noch viel lernten und auch in anderen Berufen bestehen könnten. Auch wenn man diesen Beruf noch so liebe: Wirt zu sein sei schließlich kein Honiglecken.
Aber welcher Beruf ist das schon in der heutigen Zeit?

future another flat might become available in Spittelberg so that her mother can also move in.
Asked whether her fourteen and ten-year-old children will eventually take over the restaurant, Manuela Federzuk says that the answer lies in the stars. The important thing at the moment is that the pair studies diligently so that they have the option to take up other professions. Although she loves this job, being a restaurant owner is no piece of cake – but then, what job is these days?

Im Sommer machen die Restaurants ihren Hauptumsatz

The restaurants do their best business in summer

Zipfer
GASTHAUS
AM SPITTELBERG
€ 12,50
VISA
Urtypisch

Das Büro-Obergeschoss
der Werbeagentur
„aha puttner red cell“

The upper office floor
of the advertising agency
“aha puttner red cell”

DAS RAUMSCHIFF

Wer das riesige Büro der Werbeagentur „aha puttner red cell“ in der Wiener Gumpendorfer Straße betritt, meint, in einem Raumschiff zu einem anderen Stern zu schweben. Die Realität ist ein wenig erdiger, das Gefühl nicht weniger sensationell: Man befindet sich in einem futuristisch anmutenden, umgebauten Dach eines alten Industriegebäudes, das schon in Stummfilmzeiten zu höchsten Ehren kam.

Stahl, Holz und Glas. Viel Glas. Ein wunderbarer Blick über die Dächer Wiens. Es ist immer hell hier, egal, wie das Wetter ist. Das zweistöckige, durch eine Innentreppe verbundene 960 m² große Büro wirkt noch größer und geräumiger, als es ohnehin ist. Fast unendlich. Seit Jänner 2000 hat die Agentur „aha puttner red cell“ hier in der Gumpendorfer Straße 132 ihren Sitz. Hat es sich ausgezahlt, dass man damals diese Räume bezog und nach den Ideen des heutigen Co-Geschäftsführers Günther Roth gestaltete? Dass man damals 207.000 Euro investierte? Dass man jetzt monatlich 12.591 Euro an Miete inklusive Betriebskosten und Liftgebühr bezahlt?
Gerhard Puttner, eine seit vielen Jahren schillernde Figur der österreichischen Werbeszene und heute Chairman sowie Consulter des Unternehmens: „Ich war 15 Jahre lang mit meiner Agentur Bewohner einer Villa in Hietzing. Das war sehr aristokratisch und edel. Dann stießen wir auf dieses Stadterneuerungsobjekt. Von einer Villa in ein Loft? Die Wahl entpuppte sich als ganz ausgezeichnet. Denn die Noblesse in dieser Villengegend schuf auch Einsamkeit und war nicht mehr zeit- und kommunikationsgemäß. Das jetzige Büro in der Gumpendorfer Straße 132 ist jünger, cooler, mehr techno – hier findet einfach bessere Kommunikation statt.“
Und die Gegend, in der man nun arbeitet, ist auch nicht die schlechteste. Nahe der U-Bahn, nicht weit vom Westbahnhof entfernt. Die Infrastruktur – was essen gehen oder einkaufen betrifft – kann sich sehen lassen. In jenem Teil der Gumpendorfer Straße, den man wegen

Gerhard Puttner

Steel, wood and glass, a great deal of glass. A wonderful view across the roofs of Vienna. It is always bright here, no matter what the weather is like outside. The office with a total of 960 square metres on two stories connected by an internal stairs seems even larger and more spacious than it actually is. Since January 2000 the agency "aha puttner red cell" has been based here at 132 Gumpendorfer Straße. Has moving into this space and redesign it according to the ideas of the current co-managing director, investing 207,000 euro and paying a monthly rent of 12,781 euro, including lift and service charges, proved worthwhile?
Gerald Puttner, a glittering figure on the Austrian advertising scene for many years and today chairman of and consultant to the business: "Together with my agency I lived for fifteen years in a villa in Hietzing, very aristocratic and noble. Then we came across this refurbishment property. From a villa to a loft? The choice turned out to be an excellent one. The noble atmosphere in the villa district created a feeling of loneliness, it wasn't any longer contemporary or communicative. The present office on Gumpendorfer Strasse is younger, more cool, more techno, the level of communication here is better."
And the area where the advertising people work is not exactly the worst. Close to the Underground, not far from Westbahnhof railway station. The infrastructure, as far as eating out and shopping is concerned, is excellent. A colourful apartment building by Arik Brauer is also located in this section of Gumpendorfer Strasse, known due to the number of furniture shops as the "furniture mile".

THE SPACESHIP

On entering the huge office of the advertising agency "aha puttner red cell" on Gumpendorfer Strasse in Vienna you could well believe that you are floating to another planet in a spaceship. The reality is a little more earth-bound but the feeling is no less sensational. You find yourself in the futuristic converted attic space of an old industrial building that achieved renown in the days of the silent movies.

Das Hauptgeschoss – überschaubare Büros, doch der Rückzug ist jederzeit möglich

The main floor – open offices, but there is always a place to retreat to

der niedergelassenen Möbelgeschäfte „Möbelmeile“ nennt, befindet sich auch das bunte Haus des Multi-Künstlers Arik Brauer.
Dass dieser historische Rohziegelbau nicht nur immer noch steht, sondern mittlerweile in noch schönerem Glanz erstrahlt, dass er nicht nur als museale Fassade erhalten wurde, sondern „umgenutzt“, wie dies im Fachjargon heißt, ist ein besonders markantes Beispiel dafür, dass die Wiener Stadterneuerung der letzten Jahrzehnte eine „sanfte“ war. Es wäre auch ewig schade gewesen um dieses Haus, das 1893 für den Betrieb der Bleicherei von „Heller & Sohn“ errichtet wurde. 1919 gründete Adolf Ambor die „Listo-Film“ und richtete eine Film- und Kopieranstalt ein. Das Haus wurde umgebaut und aufgestockt. Im Dachgeschoss wurde ein Filmstudio als transparente Glas-Eisen-Konstruktion erbaut. Die „Listo“ betrieb Europas letztes, original erhaltenes, gläsernes Stummfilmatelier. Eine Reihe bedeutender österreichischer Filme wurden hier gedreht, etwa „Die weiße Frau“ mit Liane Haid und Max Neufeld oder der „Rosenkavalier“. Die „Listo“ existiert noch immer und blieb bis heute in dem Haus, andere Firmen kamen und verschwanden

That this historic exposed brick building is not only still standing but even radiates a new elegance, that it was not just preserved as an interesting façade but “refunctioned”, to use the specialist jargon, is a particularly striking example of the fact that Viennese urban renewal in recent decades has been a “gentle” process. It would have been a great pity to demolish this building, which was erected in 1893 for the bleachers Heller & Sohn. In 1919 Adolf Ambor founded the company Listo-Film and set up a film and copying business here. The building was converted and a floor added. A film recording studio was set up in the attic storey in the form of a transparent glass and iron structure, Listo ran Europe’s last glazed silent film studio to be preserved in its original state. A series of important Austrian films were made here, such as “Die weiße Frau” with Liane Haid and Max Neufeld or “Rosenkavalier”.
“Listo” still exists today and has remained in the building; other businesses have come and gone. In 1998 the SEG as client began with the conversion of the building in collaboration with the Bundesdenkmalamt *(Federal Office for the Care of Historical Monuments). The project was subsidised with funds from the State of Vienna within the*

wieder. 1998 begann die SEG als Bauherr in Zusammenarbeit mit dem Bundesdenkmalamt mit dem Umbau des Gebäudes. Unterstützt wurde das Projekt mit Förderungsmitteln des Landes Wien im Rahmen des Wohnbauförderungs- und Wohnhaussanierungsgesetzes (WWFSG).
Die Umbauarbeiten wurden unter neuesten technologischen und bautechnischen Erkenntnissen durchgeführt. In früheren Jahren wäre man wohl geneigt gewesen, Argumente wie „höhere Kosten als bei einem Neubau", „schlechtere Bausubstanz" oder „Unbehaglichkeit" gelten zu lassen und ein derartiges Gebäude niederzureißen und durch ein neues Objekt zu ersetzen. Nicht so im Wien der 90er-Jahre.
Die Sichtziegelfassade wurde gereinigt und ergibt nun mit der neu hergestellten äußeren Fensterebene als sprossengeteilte Holzkonstruktion das beinahe ursprüngliche Erscheinungsbild des Fabriksgebäudes. Im Gebäudeinneren konnten die Deckenkonstruktionen und die Gusseisenstützen erhalten werden. Von der verglasten Dachkonstruktion blieben die Haupttragwerke. Die Verglasung musste aus Gründen der Wärmedämmung mit Isolierglas neu hergestellt werden. Als energiesparend erwies sich auch der Einbau einer Zwischendecke in dem hohen Raum. Der an das Hauptstiegenhaus angrenzende Hof-Trakt wurde im Zuge der Sanierungsarbeiten abgetragen. Jetzt befinden sich dort zusätzliche PKW-Abstellplätze für die in den verschiedenen Firmen Beschäftigten und die Bewohner des Hauses.
Es wurden im alten „Listo-Haus" nicht nur Räumlichkeiten für moderne Büros adaptiert, sondern auch neun Wohnungen errichtet, die meisten davon geförderte Objekte. Über diesen Wohnungen mit Loftcharakter residiert die Werbeagentur „aha puttner red cell" und ist natürlich mit eingebautem Lift erreichbar. Bewusst wurde in den Bürogeschossen auf den Einbau von Trennwänden verzichtet – auch hier, um den Charakter des alten Fabrikgebäudes zu erhalten.
Aber es geht dennoch lange nicht so hektisch zu wie etwa in einem amerikanischen Großraumbüro. Die etwa 40 Mitarbeiterinnen und Mitarbeiter der Agentur – man merkt sie kaum. Das liegt daran, dass diese in zahlreichen kojenartigen Büros untergebracht sind: überschaubare Einheiten, die jederzeit vor Gästen oder vor Ganglärm abschirmen können. Die Verglasung der Büros verhindert jedoch die Möglichkeit des totalen

framework of the Housing Subsidies and Housing Improvement Act (WWFSG).
The conversion works were carried out using the latest technological and construction advances. In earlier times the inclination would have been to accept the arguments of "higher costs than a new building", "poor building condition" or "discomfort" in order to demolish such a building and replace it with a new one. This was no longer the case in Vienna in the 1990s.
The fair-faced brick façades were cleaned and the outer windows once again have wooden glazing bars so that the

Jung, cool und techno

Young, cool and techno

Die Decken-
konstruktionen und
Gusseisenstützen
konnten erhalten
werden

It was possible to preserve the roof structure and the cast iron supports

Rückzugs. In irgendeiner Form überblickt man immer zumindest einen Teil des Geschehens. Die Büros sind jedenfalls sehr hell und die „Chefetagen" kaum größer als die übrigen Einheiten.
Alles Voraussetzung für Kreativität, oder nicht? Das Arbeitsleid hält sich „da oben", im futuristischen Glas- und Stahlpavillon, zweifellos in Grenzen. Auch wenn für jene, die meinen, sie bräuchten zum Kreativsein zumindest die Droge Nikotin, nur mehr ein winziger und gar nicht gemütlicher Gangplatz reserviert ist. Die Zeiten haben sich eben geändert.
Aber TV-Kampagnen wie jene, die mit dem Komiker Roland Düringer für eine große Kreditkartenfirma oder für eine japanische Motorradmarke erstellt wurden, zeugen ja nicht gerade von Erfolglosigkeit. Und „Wien findet Stadt" ist inzwischen auch ein beinahe geflügeltes Wort geworden.
„Neues Leben in alten Häusern", meint Chairman Gerhard Puttner, „bringt im Geschäftsleben einfach mehr

original appearance of the factory building has been largely restored. In the interior the floor slab construction and the cast iron columns could also be preserved. The main structure of the glazed roof-top construction has survived. The old glazing had to be replaced by thermal glazing to reduce heat loss. The insertion of an intermediate slab in the tall space also helps save energy. The courtyard wing adjoining the main staircase was demolished in the course of the renovation work. Additional car parking spaces have been made in its place for the people employed in the various companies based here and for those who live in the building.
In the old "Listo House" not only were spaces adapted for use as modern offices but new flats were also built, most of them subsidised dwellings. The advertising agency "aha puttner red cell" resides above these loft-like apartments and is, of course, reached by lift. To preserve the character of the old factory building it was decided not to erect separating walls on the office floors.

Irgendwie überblickt man immer einen Teil des Geschehens

Somehow or other one always sees part of what is going on

But it is still not nearly as hectic as in an American open-plan office. You barely notice the almost 40 staff members of the agency. This is because they work in numerous booth-like offices: small units that can be screened off from guests or corridor noise at any time. The glazing of the offices prevents total withdrawal. In one way or other you always has a view of at least a part of what is going on. The offices are very bright and those on the "bosses' level" are hardly any larger than the other units.
Is all of this a precondition for creativity or not? The pressure of work up there in the futuristic glass and steel pavilion is, without any doubt, bearable. Even though only a small and far from cosy part of the corridor is reserved for those who insist they require nicotine to be creative. Times have indeed changed.*

Neues Leben ...

New life ...

... in alten Häusern

... in old buildings

Die Umbauarbeiten im historischen Rohziegelbau erfolgten unter neuesten technologischen Erkenntnissen

The conversion work on the historic fair-faced brick building incorporated the latest technological advances

Hier befand sich Europas letztes gläsernes Stummfilmatelier

This was the location of Europe's last silent film studio

weiter.“ Eine wohl etwas vereinfachte Darstellung. Denn das „Listo-Haus“ ist nicht einfach ein altes Haus, sondern ein historisches Juwel, das auf ganz besonders feine Weise herausgeputzt wurde. Und das Büro der Werbeagentur sorgt in seiner Form und Einrichtung schon für einen bestimmten Schwebezustand.
Man braucht danach eben seine Zeit, ehe man wieder Bodenhaftung bekommt.

But TV campaigns, such as those with comedian Roland Düringer for a major credit card company, or for a Japanese motorbike, are not exactly examples of failure. And the wordplay slogan "Wien findet Stadt" has more or less become a byword.
"New life in old buildings", says chairman Gerhard Puttner, "gets more things moving in the business world." A somewhat simplified description. Listo House is not merely an old building but a historic gem that has been cleaned and renovated in a particularly sensitive way. And, through both its form and its furnishings, the advertising agency office gives you the feeling of hovering in space.
It can take a certain time before you find the ground under your feet again.

Das „Listo"-Haus (links) ist ein fein herausgeputztes historisches Juwel

The "Listo" Building (left) is a carefully polished historic jewel

Der renovierte
Innenhof des Hauses
Haymerlegasse 29

*The renovated inner
courtyard of
29 Haymerlegasse*

GEMEINSAM STATT EINSAM

Das Ehepaar Kienberger und dessen Sohn wohnen gemeinsam in einem liebevoll renovierten Gründerzeithaus in der Wiener Vorstadt. In zwei verschiedenen Wohnungen. Die optimale Lösung für eine Familie, die vom Schicksal nicht gerade verwöhnt worden ist.

Knallig dunkelrot – das kleine Gründerzeithaus in der Haymerlegasse fällt unter den anderen Häusern sofort auf. Es handelt sich dort, inmitten von Ottakring, um eine ganz und gar nicht schlechte Wohngegend, aber das Haus mit der Nummer 29 besitzt eine Leuchtkraft, die alles andere überstrahlt.
Die Eingangshalle, mit Terrakotta-Boden ausgestattet und in beige-gelben Farbtönen gehalten, vermittelt den Eindruck, man betrete ein Palais oder einen Sakralraum. Die Eigentümerin – eine renommierte Immobiliengesellschaft, die in Wien mehrere Objekte besitzt – hat bei der Sanierung dieses Hauses Geschmack bewiesen. Zumindest, was das Entree betrifft. Architektonisch weniger gelungen: der aufgestockte und ausgebaute Dachboden, der, von außen betrachtet, wie ein Fremdkörper wirkt.
Mit dem Lift gelangt man zur Wohnung, in der Herbert Kienberger mit seiner Frau wohnt. Am 23. Dezember 2002 sind die beiden Eheleute und ihr Sohn Thomas hier eingezogen. Vorher hatte man in einer 70-m²-Wohnung nicht weit vom jetzigen Domizil gewohnt: in der Goldschlagstraße im 15. Wiener Gemeindebezirk. Dieses Haus gehört demselben Eigentümer. 218 Euro zahlten die Kienbergers mit Betriebskosten, aber es handelte sich auch bloß um eine Kategorie-D-Wohnung. Nun sollte in der Goldschlagstraße eine durchgreifende, von der Stadt Wien geförderte Sanierung stattfinden. Ein Leben auf einer Baustelle kam für die Familie nicht in Frage. Herbert Kienbergers Frau ist seit Jahren schwer lungenkrank. Sie benützt ein Sauerstoffgerät, ist an den

Thomas Kienberger schaut auf seinen Vater Herbert

Thomas Kienberger keeps an eye on his father Herbert

The small Gründerzeit house in Haymerlegasse that is painted a strong dark red colour immediately stands out from among the neighbouring buildings. This residential area in the centre of Ottakring is far from shabby but this building, number 29, has a radiance that makes everything else pale in comparison.
The entrance hall with its terracotta floor and walls painted in shades of beige and yellow gives the impression that one is entering a palace or a sacred space. The owner, a well-known real estate company that owns many other properties in Vienna, has offered proof of its good taste with this renovation. At least as far as the entrance is concerned – the additional top floor with the converted attic is less architecturally convincing, seen from outside it looks like an alien element.
A lift brings you to the flat where Herbert Kienberger and his wife live. On 23 December 2002 this married couple and their son Thomas moved in here. They had previously lived in a 70 square metre flat in Goldschlagstrasse in Vienna's 15th district, not far from their present address. The two building are owned by the same company. The Kienbergers formerly paid 218 euro rent monthly, including service charges, but theirs was only a category D flat. An overall renovation of the building in Goldschlagstrasse was planned, subsidised by the City of Vienna. The family decided that living on a building site was out of the question for them. Herbert Kienberger's wife has had a serious lung condition for many years. She uses an oxygen bottle, is confined to a wheelchair and needs constant care. "There is no way she could have survived

TOGETHER, RATHER THAN ALONE

The Kienbergers and their son live in two separate flats in a lovingly restored Gründerzeit building located in a Vienna suburb. An ideal solution for a family that fate has not exactly treated kindly.

Nippes verzieren die Wände

Knick-knacks adorn the walls

Rollstuhl gefesselt und braucht rund um die Uhr Pflege. „Die Staubentwicklung“, sagt ihr Mann, „hätte sie nicht ausgehalten.“

Unter Mithilfe von „Wiener Wohnen“ fand man eine neue Wohnung im Haus Haymerlegasse 29, das zu diesem Zeitpunkt bereits saniert war. Wasser- und Stromleitungen waren neu installiert; es gab Anschlüsse für zahlreiche Elektrogeräte, darunter Geschirrspüler, Telekabel, Internet. Die Wohnung besaß einen Parkettboden und eine Grundausstattung für den Sanitärbereich. Sie kostet – da beste Kategorie – natürlich um einiges mehr: 520 Euro Miete inklusive Betriebskosten. Und sie ist 14 m² kleiner als die alte Wohnung in der Goldschlagstraße. Auf Dauer zu klein für eine dreiköpfige Familie, zumal Sohn Thomas, der Medizin studiert, kein Kind mehr ist.

Eine glückliche Fügung ergab, dass vis-a-vis auf der ebenfalls zum Haus gehörenden und sanierten Stiege

the amount of dust created by the building works”, says her husband.

With the help of “Wiener Wohnen” they found a new flat in the building at 29 Haymerlegasse, which had already been renovated; there were power points for numerous appliances including a dishwasher, cable TV and Internet connection. The flat has parquet flooring and the necessary sanitary facilities. As it belongs to the top category it naturally costs rather more: 520 euro a month rent, including service charges. And it is 14 square metres smaller than their old apartment on Goldschlagstrasse. In the long term too small for a three-person family, especially as Thomas, who is studying medicine, is no longer a child.

A fortunate twist of fate meant that a 36 square metre bedsitter became available on the staircase opposite (which is also part of the building and has also been restored). They thus had what they wanted; their 25-year-old son no longer had to live in his parents' lap (much to his relief) but could remain close to them (which was what they wanted). Thomas Kienberger pays 335 euro for his bedsitter, which was completely fitted out including tiling and parquet flooring.

Thomas earns his own rent money. This prospective doctor (gynaecology and anaesthesia) has worked for years as an assistant paramedic with the Red Cross and also works every Saturday in a large Viennese furniture store.

Thomas' small home is agreeably bright, and practically furnished. The furnishing of his parents' apartment is very simple. A few knick-knacks hang on otherwise bare walls. The hall resembles a waiting room in a doctor's surgery: books about emergency medical services, help in case of an emergency, and the care of the sick lie on a table directly beside the entrance door.

The theme of sickness is omnipresent in this flat. Herbert Kienberger sees himself as his wife's “nurse”. Since the mid-1990s Kienberger has done nothing else than look after her. He was 49 at that time and had a career, he was the purchasing manager of a company that produces and markets batteries. But he suddenly fell victim to company cutbacks. He got his “golden hand-shake” but all his subsequent efforts at finding a suitable job failed – he was “overqualified”, he was repeatedly told.

“For me being unemployed remains a great burden, even though I have been forced to get used to the situation”, says Kienberger. It is often more a mental than an existential problem. With emergency help, his wife's invalid pension and a rent assistance grant they survive well from

Das Reich des
Hausmannes
Herbert Kienberger

The kingdom of
househusband
Herbert Kienberger

Der Hauseingang erinnert an ein Palais

The entrance hall – almost palatial

eine 36 m² große Garçonnière frei war. Jetzt hatte man das, was man wollte: der 25-jährige Sohn endlich nicht mehr im Schoß der Eltern (was sein Wunsch war), aber doch in ihrer Nähe (was der Wunsch der Eltern war). Thomas Kienberger zahlt für seine Garçonnière 335 Euro; sie war komplett ausgestattet, besaß Fliesen und Parkettboden.

Das Geld für die Miete verdient Thomas selbst: Der angehende Arzt (Gynäkologie und Anästhesie) arbeitet seit Jahren als Hilfssanitäter beim Roten Kreuz und jobbt nebenbei jeden Samstag als Verkäufer in einem großen Wiener Möbelhaus.

Thomas' kleines Heim ist angenehm hell und praktisch eingerichtet. Sehr schlicht die Ausstattung der elterlichen Wohnung. Ein paar Nippes hängen an den sonst eher kahlen Wänden. Das Vorzimmer vermittelt den Eindruck eines Ordinations-Wartezimmers: Bücher über Rettungsdienst, Notfallshilfe, Krankenpflege liegen auf einem Tisch gleich bei der Eingangstür.

Das Thema Krankheit ist in dieser Wohnung allgegenwärtig. Herbert Kienberger sieht sich denn auch als „Krankenpfleger seiner Frau". Seit Mitte der 90er-Jahre tut Kienberger nichts anderes mehr, als sich um sie zu kümmern. Damals war er 49 und hatte Karriere gemacht. Er war Einkaufsleiter eines Unternehmens, das Batterien erzeugte und vertrieb. Doch plötzlich fiel er Einsparungsmaßnahmen zum Opfer. Er bekam den „golden handshake". Alle Bemühungen waren in der Folge vergeblich: Es fand sich keine geeignete Stelle mehr – „überqualifiziert" sei er, so wurde ihm immer wieder erklärt.

„Für mich ist die Arbeitslosigkeit nach wie vor etwas sehr Belastendes, auch wenn man sich notgedrungen an diesen Zustand gewöhnt", sagt Kienberger. Es sei ein seelisches, nicht unbedingt ein Existenzproblem. Mit Notstandshilfe, Berufsunfähigkeitspension der Frau und Mietzinsbeihilfe komme man Monat für Monat ganz gut über die Runden. Das Positivste an der Situation sei, dass er sich voll und ganz um seine kranke Frau kümmern könne. So sei er eben Hausmann geworden. Er kocht, spült Geschirr, wäscht und bügelt, macht die Körperpflege seiner Frau. Und geht einkaufen. In der unmittelbaren Umgebung gibt es nicht nur zahlreiche Supermärkte, sondern auch kleine und mittlere Geschäfte, wie etwa Bäcker oder Fleischhauer. Für Kienberger ist das willkommene körperliche Betätigung, denn seit er nur mehr zu Hause ist, klagt er mit schuldbewusstem Blick auf sein Ergometer-Rad, habe er 16 Kilo zugenommen.

Thomas' kleines Heim ist praktisch eingerichtet

Thomas's small home is furnished in a practical way

Sein Lieblingsplatz ist längst der kleine, hofseitige, mit bunten Topfblumen geschmückte Balkon der Wohnung geworden. „Zum ersten Mal in meinem Leben hab ich einen Balkon. Das macht mich richtig glücklich." Der Blick schweift über den begrünten Innenhof hinüber zur Wohnung des Sohnes, der soeben Licht gemacht hat. Der Vater versteht die Unabhängigkeitsbestrebungen seines Kindes: „Er hat jetzt sein eigenes Reich und seine Freundin. Er ist ja auch schon alt genug dafür. Aber er ist eben nach wie vor in unserer Nähe. Wir können Kontakt halten, wenn wir wollen. Und das schützt vor der Einsamkeit."

month to month. The positive aspect of the situation is that he can devote himself completely to looking after his wife. And so he has become a househusband. He cooks, does the washing up, the laundry and ironing and attends to his wife's personal hygiene – and he goes shopping. In the immediate surroundings there are not only numerous supermarkets but also small and medium sized shops such as a baker and a butcher. For Kienberger this is a welcome physical activity for, since he has been unemployed, he has put on 16 kilos he reveals, with a guilty look at his exercise bike.

His favourite place is now the small balcony, which faces onto the courtyard and has a number of colourful potted plants. "For the first time in my life I have a balcony, which makes me really happy." His gaze strays across the planted courtyard to his son's flat, where a light has just been switched on.

The father understands his son's striving for independence: "He now has his own space and a girl friend. I mean, this is the normal thing for a young man of his age, but he is still close to us. We can contact each other when we want to, which prevents any feeling of loneliness."

Gründerzeithaus
Haymerlegasse 29 in
Ottakring

Late 19th century house, 29 Haymerlegasse in Ottakring

Architektonisches Gustostück –
der sanierte Innenhof in der Redtenbachergasse 57

*An architectural gem –
the renovated courtyard in 57 Redtenbachergasse*

VOM GLÜCKLICHEN LEBEN ÜBER DER FABRIK

So lässt es sich im Arbeiterbezirk Ottakring auch wohnen: in einem Single-Nest mit Balkon und Blick auf einen begrünten Innenhof. Und unter sich den Backsteinbau einer traditionsreichen Waffelfabrik, die immer noch Süßes produziert.

Christine Kargl, 22, ist Studentin der Psychologie in Wien. Das bedeutet: viel Lernstress und wenig Geld. Da ist die Single-Wohnung in der Redtenbachergasse 57 in Ottakring, in die die junge Frau am 1. Mai 2003 einzog, gerade das Richtige: ein kleines, aber feines Nest. Die Miete für die 40 m² beträgt mit den Betriebskosten 205 Euro pro Monat. Sie kann sich diese Miete leisten. Jobbt sie doch derzeit neben ihrem Studium wie viele Studenten als Aushilfskellnerin in verschiedenen Lokalen. Interviews für ein Markt- und Meinungsforschungsinstitut bringen zusätzliches Körberlgeld – und sind ein gutes Training für den künftigen Beruf.
Beim Kauf der Wohnung hat Christines Mutter geholfen. Sie bezahlte die 10.500 Euro Genossenschaftsanteil. So weiß sie, die in der Steiermark lebt, ihre Tochter in der Bundeshauptstadt gut versorgt.
Bevor sie nach Ottakring zog, wohnte Christine in einer Altbauwohnung im Alsergrund. In einer Wohngemeinschaft. Sie zahlte einen Mietbeitrag, der so hoch war, wie ihre jetzige Miete. Nur musste sie die Wohnung halt mit einem Mädchen und einem Burschen teilen. Als das Klima zwischen den dreien immer schlechter wurde, begab sich Christine Kargl auf Wohnungssuche. Sie fand das Objekt Redtenbachergasse auf der Website der Österreichischen Hochschülerschaft. Und griff sehr schnell zu.
Die etwas schlauchartig angelegte Wohnung besitzt einen kleinen Balkon. Von diesem aus bietet sich Christine ein idyllischer Blick. Sie sieht im Hof einen restaurierten Backsteinbau aus den 20er-Jahren und

Christine Kargl

Christine Kargl (22) is a student of psychology in Vienna. This means a great deal of studying and not a lot of money, the single-person flat in 57 Redtenbachergasse in Vienna-Ottakring that the young woman moved into on 1 May 2003 is exactly the right home for her. The rent for the 40 square metres amounts to 205 euro a month, including the service charges. She can afford this rent as, like many students, she works part time as a waitress in different restaurants. Interviews conducted for a market and opinion research institute bring in additional pocket money as well as providing good training for her future profession.
Christine's mother helped her acquire the flat; she paid the 10,500 euro housing cooperative charge. The mother lives in Styria and has the comfort of knowing that her daughter in the federal capital is well provided for.
Before she moved to Ottakring Christine shared a flat in an old building in the Alsergrund district. Her contribution to the rent there was as much as she pays for her new flat, but she had to share with another girl and a young man. As the climate between the three gradually deteriorated, Christine Kargl started to look for a home. She found the building on Redtenbachergasse on the website of the Österreichische Hochschülerschaft *and immediately made enquiries.*
The somewhat tube-like flat has a small balcony, from where Christine has an idyllic view. She can see the courtyard of a restored brick building dating from the 1920s and a planted roof garden, both belonging to her building. She can also see the cleaned-up and planted courtyard of the housing development opposite, as well as areas of grass

A HAPPY LIFE ABOVE THE FACTORY

This is an alternative way of living in the working class district of Ottakring: a single person's retreat with a balcony and a view of a planted courtyard. Below is the brick building of an old-established wafer factory, where sweet things are still produced.

Studentisches Wohnen
auf 40 Quadratmeter

Student living in
40 square metres

einen begrünten Dachgarten. Beides gehört zum Haus. Weiters zu sehen: der entkernte und begrünte Innenhof der gegenüberliegenden Wohnhausanlage; viel Rasen und Bäume – Birken, Kastanien, Weiden. Die Wohnung der jungen Frau liegt genau über dem straßenseitigen Teil des Backsteinbaus. Das klingt spannend und ist es auch.

Es handelt sich beim Objekt Redtenbachergasse 57 nämlich um eines der bislang originellsten Experimente der Wiener Stadterneuerung. Diese Blocksanierung ist nicht nur ein architektonisches Gustostück, sie hat auch auf wirtschaftlicher und sozialer Ebene einiges bewirkt.

In einem Gebiet, in dem kleine bis mittlere Betriebe zunehmend unter Druck geraten, befand sich Wiens älteste Hohlwaffel- und Oblatenfabrik (gegründet 1924); Eiswaffeln, Eistüten oder Tortenunterlagen sind heute nach wie vor gefragt. Doch ebenso gefragt sind kleine, überschaubare Betriebe mit modernen Produktionsgeräten. Nur in dieser Form sind sie überlebensfähig. Die Frage, die es Ende der 90er-Jahre zu beantworten galt, hieß: Wie kann die Fabrik überleben, wie kann das Geld für eine Modernisierung aufgebracht werden, wie kann das vorhandene, aber nicht sehr ansprechende Areal sonst noch genützt werden?

Die Lösung: Es fand sich ein neuer Eigentümer und Bauträger: die Genossenschaft „Heimat Österreich". Diese Genossenschaft überbaute das straßenseitige Fabriksgebäude mit insgesamt 28 günstigen Mietwohnungen verschiedener Größe (einige davon mit Hofbalkon). Jener Teil der Fabrik, der in den neu gestalteten grünen Innenhof reicht, wird ergänzend genutzt. Im ersten Stock befindet sich eine Wohngemeinschaft für Behinderte von „Jugend am Werk": eine Gruppe von acht Mitgliedern, die dort umfassend betreut wird. Das Heim ist in das Ambiente der Anlage voll integriert und wurde von den Bewohnern und Anrainern von Beginn an ohne Diskussion angenommen.

Die Fabrik konnte sich modernisieren und produziert weiterhin Waffeln vom feinsten. Mit fünf Beschäftigten. Ermöglicht wurde das dadurch, dass der Eigentümer sein Baurecht an die „Heimat Österreich" abtrat, dafür aber den Baurechtszins erhielt, der eine Laufzeit von 50 Jahren hat. Die Hälfte davon ließ er sich bar auszahlen und modernisierte mit diesen Mitteln das Unternehmen. Zusätzlich wurde das marode Satteldach der Fabrik abgebrochen und stattdessen eine begrünte Dach-

Optimale Raumausnützung

Optimum use of space

Christine Kargl in ihrer bunten Lese-Ecke

Christine Kargl in her colourful reading corner

Blick vom Balkon auf den alten Backsteinbau

View of the old brick building from the balcony

terrasse errichtet. Das Sanierungsprojekt, das insgesamt 3,6 Millionen Euro kostete, wurde mit etwa der Hälfte der Gesamtkosten gefördert (1,8 Millionen Euro Landeszuschuss).

Zurück zu Christine Kargl und ihrem kleinen, bunten Nest. Die Wohnung ist für den Bedarf einer Studentin eingerichtet. Alles ist eng geschlichtet, es gibt kein Wohnzimmer im eigentlichen Sinn, sondern Vor- und Wohnraum in einem. Eine Couch, ein ausziehbarer Tisch zum Essen und Arbeiten, Stellagen, in denen die Fachbücher untergebracht sind, eine Weltkarte an der Wand, ein CD-Player, ein Computer: „Anders als online“, so Christine Kargl, „kann man sich gar nicht mehr zu den Prüfungen anmelden. Hingehen und einen Termin vereinbaren, wie in der guten alten Zeit, geht nicht. Wenn Anmeldetermin ist, ist das Netz total überlastet – es herrscht unheimlicher Leistungsdruck.“ Von diesem Druck versucht sich die Studentin mit Lesen oder Kochen

and trees – birches, chestnuts and willows. The young woman's flat lies directly above the street wing of the brick building, which sounds exciting – as indeed it is.

The building at 57 Redtenbachergasse is, in fact, one of the most original experiments in the area of urban renewal in Vienna. This block renewal is not only an architectural gem, but has also had effects on both an economic and social level.

Vienna's oldest hollow wafer and cake base manufacturer (founded in 1924) is located in a district where small and medium size businesses are increasingly under pressure: ice-cream wafers, cones or the bases for gateaux are still in demand today. But the demand is also for small, clearly structured businesses with modern production machinery. Only companies of this kind can survive today. The questions that had to be answered at the end of the 1990s were: how can the factory survive, how can money for the modernisation be found, how can the existing (and not particularly appealing) site be utilized differently?

The solution lay in finding a new owner and developer: the cooperative "Heimat Österreich". This cooperative erected a total of 28 reasonably priced rented apartments of different sizes (some of them with a balcony onto the courtyard) over the street front of the factory building. The part of the factory that extends into the newly designed and planted courtyard is now used for other purposes. On the first floor there is flat-sharing community for disabled persons from "Jugend am Werk": a group of eight persons is cared for there. The home is completely integrated in the ambiance of the complex and was accepted by the residents and neighbours without discussion.

The factory was able to modernise and continues to produce the finest kinds of wafers – with only five employees. This was made possible by the fact that the owner transferred his building lease to "Heimat Österreich" but received the building lease rent, which runs for fifty years. Half of this was paid him in cash, which enabled him to modernise his business. In addition the decrepit pitched roof of the factory was demolished and replaced by a planted roof terrace. Around half of the total cost of the renovation project, (3.6 million euro) was subsidised by a grant of 1.8 million euro from the State of Vienna.

But back to Christine Kargl and her small, colourful retreat. The flat is furnished to meet the needs of a student. Everything is tightly organised, there is no living room in the traditional sense as the hall and living room are combined. A couch, an extending table for dining and

Über eine Pawlatsche gelangt man zu Christines Wohnung

Access to Christine's flat is via a pawlatsche

zu befreien. Sie kocht am liebsten indisch oder italienisch mit Zutaten wie Gemüse, Kartoffeln, Reis oder Nudeln. Dazu lädt sie, die derzeit als Single lebt, liebe Freunde ein.

Zu wertvollen Einrichtungsgegenständen reicht Christines Geld im Moment einfach nicht. Doch die sind auch erst geplant, wenn einmal ein Job und eine größere Wohnung in Sicht sind. Im Moment behilft sich die Studentin mit bunten Nippes und kuscheligen Stofftieren, um es sich gemütlich zu machen. Sie hätte auch noch gerne bunt ausgemalt. Aber dann müsste sie ihre Wohnung, wenn sie ausziehen wollte, wieder in den ursprünglichen Zustand versetzen. Das wäre eine kostspielige Angelegenheit. Erfreulich für das Auge ist ein Parkettboden aus Birke, der bei Christine Kargls Einzug bereits vorhanden war. Energie und Kosten sparend eine Fußbodenheizung, die außerdem „eine weniger stickige Luft produziert als andere Heizungen".

Hervorragend die Infrastruktur: In unmittelbarer Nähe der recht verkehrsarmen und daher ruhigen Redtenbachergasse und sogar zu Fuß erreichbar sind fünf Supermärkte, ein Drogeriemarkt, ein Biomarkt und die

working, shelves where the specialist books are kept, a map of the world on the wall, a CD player, a computer: "The only way you can register for exams nowadays is online", says Christine Kargl, "simply going to the university and making an appointment, like in the good old days, is no longer possible. When the registration date approaches the Internet site is completely overloaded – the pressure to perform is incredible." She attempts to cope with this pressure through reading or cooking. She best likes to cook Indian or Italian food with ingredients such as vegetables, potatoes, rice or noodles. And, as she presently lives alone, she often invites friends to eat with her.

Christine simply cannot afford expensive pieces furniture at the moment. But they are planned for when she has the prospect of a job and a larger flat. At the moment she makes do with colourful knick-knacks and fluffy stuffed toys to give a cosy impression. She would have liked to paint the walls in different colours, but she would have had to restore her flat to its original condition when she moves out – an expensive business. The birch parquet floor, which was already there when Christine Kargl moved in, is a delight to the eye. The underfloor heating saves energy and

Modernisierte Waffelfabrik und Wohngemeinschaft für Behinderte

Modernised wafer factory and residential community for disabled persons

Stadterneuerung à la Wien – über eine alte Fabrik wurden neue Wohnungen gebaut

Urban renewal à la Vienna – new flats were built above an old factory

Hausbank. Darüber hinaus auch noch einige kleinere Geschäfte. Parkplätze sind mehr vorhanden als in anderen Wohngegenden Wiens. Aber auch die Anbindung an den öffentlichen Verkehr ist sehr gut: Zahlreiche Straßenbahnlinien fahren in der Nähe; ist man noch spät unterwegs, kann die städtische Nightline benutzt werden.
Christine Kargls ganzer Stolz ist ihr kleiner Balkon. Rosmarin oder Basilikum vermitteln einen Hauch von Kräutergarten und mehr. Im Jahr ihres Einzugs in die Wohnung gab es einen Jahrhundertsommer. Da war der kleine Balkon Hauptaufenthaltsort; die Wohnung wurde zum Vorraum. Und nachts war Lernen im Freien angesagt – im Bikini.
Wird wieder so ein Sommer kommen? Man soll die Hoffnung nie aufgeben. Denn die stirbt bekanntlich zuletzt.

costs and also "The air is better than with other kinds of heating", she says.
The infrastructure is excellent. In the immediate neighbourhood of Redtenbachergasse, which is quiet and almost free of traffic, there are five supermarkets, a drugstore, an organic food market and a bank, all of which can be reached on foot. There are also smaller shops. There are more parking spaces available than in other residential districts in Vienna. But the public transport connections are also very good: numerous tram lines pass close by; if you are out late on the town you can travel home in the wee hours on a nightline.
Her small balcony is Christine Kargl's pride and joy. Rosemary and basil evoke the atmosphere of a herbal garden and more. In the year she moved into her flat Vienna enjoyed the summer of the century. She spent most of her time on the small balcony, the flat became just a hallway, and at night she could study outdoors, in her bikini.
Will there ever be another summer like that? One should never give up hope, for, as the saying goes, hope is the last thing to die.

Hauswart Harald Kührer hat den Überblick
vom Matzleinsdorfer Hochhaus

Caretaker Harald Kührer has an overview from the Matzleinsdorf tower block

HOCHHAUS DER LEGENDEN

Das Matzleinsdorfer Hochhaus der Gemeinde Wien hat seit seinem Bestehen im Jahr 1957 eine bewegte Geschichte wie kaum ein anderer Bau der Nachkriegszeit. Zuletzt wurde es sogar Objekt der Stadterneuerung – durch ein umweltfreundliches Energiemodell, das noch dazu Heizkosten spart. Das Zauberwort: Thewosan.

Harald Kührer ist Hauswart. Der 40-Jährige gehört einer Zunft an, die im Aussterben begriffen ist. Der gute alte Hausbesorger wird zunehmend durch Fremdfirmen ersetzt, die pro Auftrag bezahlt werden. Aber Herr Kührer ist noch Hauswart. Und zwar einer, der dem nicht immer positiven Klischee des „Wiener Hausmeisters" so gar nicht entspricht. Er ist nicht nur nett und umgänglich, er ist auch aufgeschlossen und wissbegierig. Seine attraktive Frau Karin arbeitet beim Pass- und Meldeamt in Hietzing, seine 20-jährige Tochter Sandra in einem Reisebüro.
Herr Kührer betreut das Matzleinsdorfer Hochhaus in Wien-Margareten – ein Haus mit einer bewegten Geschichte und oft recht eigenwilligen Mietern. 250 sind es derzeit, die sich auf 108 Wohnungen und 19 Stockwerke verteilen. Harald Kührer, der seit 16 Jahren selbst hier wohnt, kümmert sich um das Haus seit viereinhalb Jahren im Alleingang. Er bewohnt dort mit seiner Familie eine 72 m² große Wohnung.
Diese ist hell und bunt eingerichtet, sie wirkt geräumig und wird von den Vorlieben der Familienmitglieder optisch dominiert: Herr Kührer sammelt Quarzkugeln, Frau Kührer Buddha-Statuen und Tochter Sandra afrikanische Holzskulpturen. In der Vitrine stehen gepresste Biedermeiergläser, in der prall gefüllten Bibliothek viele Esoterikbücher.
Harald Kührer hat im Matzleinsdorfer Hochhaus viel Geschichte und viele Geschichten erlebt. Und noch mehr gehört. „Das Haus ist berühmt geworden als Oberschichtbau", sagt der Hauswart. Promi-Bau ist wohl der

Karin und Harald Kührer

Karin and Harald Kührer

Harald Kührer is a caretaker. This 40-year-old belongs to a dying profession. The good old apartment building caretaker is being increasingly replaced by outside companies that are paid for each job.
But Mr Kührer is still a caretaker – and one that does not really fit the often rather negative cliché of a "Viennese caretaker". He is not only pleasant and approachable but also open-minded and curious to learn new things. His attractive wife Karin works at the Passport and Registration Office in Hietzing, his 20-year-old daughter Sandra is employed in a travel agency.
Mr Kührer looks after the tower block of flats at Matzleinsdorf in Vienna-Margareten, a building with a lively history and some highly idiosyncratic tenants. At present 250 of them live in 108 flats on 19 floors. Harald Kührer, who has lived here himself for 16 years, has looked after the building alone for the last four years. He and his family live in a 72 square metre flat.
His home is bright and colourfully furnished, it seems spacious and is visually dominated the individual interests of the different members of the family: Mr Kührer collects crystal globes, his wife Buddha statues and their daughter Sandra has a collection of African wooden sculptures. In the display cases are Biedermeier glasses, the bookshelves are stuffed with books about esoterics.
Harald Kührer has experienced a great deal of general and personal histories in the Matzleinsdorf tower block. And he has heard even more. "The tower block became famous as a building for the upper crust", says the caretaker. A building for famous personalities would be more accurate. Many

A LEGENDARY TOWER BLOCK

Since it was erected in 1957 by the Vienna Council the Matzleinsdorf tower block has had a livelier history than any other building of the post-war period. It was recently included in the urban renewal programme – using an environmentally friendly energy model that reduces heating costs. The magic word here is** **thewosan.

etwas passendere Ausdruck. Viele Wiener Politiker haben – allerdings meist zu Beginn ihrer Karriere – hier gewohnt, auch Professoren, Ärzte, Künstler, ja sogar Journalisten, die dann zu mächtigen Medienzaren in Österreich wurden. Die meisten von ihnen sind jedoch im Lauf der Jahre und im Zuge ihres Aufstiegs in neue Domizile verzogen – in Stadtwohnungen oder Villen.
Es gab auch ein Terrassencafé mit eigenem Liftboy in dem legendären Hochhaus. Aber dann häuften sich Beschwerden über Exzesse, Berichte über Suizidfälle ... Das Café existiert längst nicht mehr, stattdessen baut eine Computerdesignfirma in lichter Höh', mit Traumblick über Wien, ihr Büro aus. Irgendwie war das Matzleinsdorfer Hochhaus, trotz all dem Glanz, den die zeitweilig verweilende Prominenz abwarf, immer heiß umfehdet und wild umstritten. Es gab in der nunmehr fast 50-jährigen Geschichte einzelne Drogen- oder Selbstmordfälle, wie in anderen Wiener Wohnhäusern auch. Doch was in Matzleinsdorf passierte, machte Schlagzeilen. Gab es Parkplatzprobleme, fanden sie den Weg in die Medien.
Dabei hat dieses Hochhaus viel Sympathisches an sich. Es liegt in einer relativ lockeren Wohnlandschaft mit viel Grünfläche. Einkaufsmöglichkeiten gibt es genug, nicht zuletzt in der nahe gelegenen Reinprechtsdorfer Straße. S-Bahn, Tramway, Autobus – die Infrastruktur mit öffentlichen Verkehrsmitteln in unmittelbarer Umgebung ist ausgezeichnet.
Das Haus, das unter Denkmalschutz steht, ist ein interessanter Nachkriegsbau mit breiten, hellen Gängen und zwei Liften, die bereits 1985 erneuert wurden. Die Waschküche im Keller wird von vielen Mietern immer noch benutzt. Auch von jüngeren, die in den letzten Jahren zugezogen sind. Es gibt auch einen Trockenraum mit Heißluftgebläse. Das Benützen der Waschküche ist in den Betriebskosten inkludiert und wird über Herrn Kührer geregelt, der – Ordnung muss sein – eine Waschküchenliste führt.
Das Parterre ist mit wunderschönem Terrakotta ausgelegt. Weniger schön, eher ein bisschen ostblockmäßig, wirkt der Hochhauseingang von außen. Das gibt auch der Hauswart zu: „Das ist, wie wenn man sich einen neuen Anzug kauft und dann bloßfüßig herumläuft." Fehlt's am Geld, um diesen Zustand zu ändern? Herr Kührer zuckt die Schultern: „Der Mieterbeirat ist halt sehr sparbewusst." Ohne diesen Mieterbeirat geht nichts oder nur wenig im Matzleinsdorfer Hochhaus. Das ist ein

Viennese politicians lived here – at the start of their careers, it should be said, as did professors, doctors, artists, and even journalists, who later became some of the most powerful press barons in Austria. In the course of the years and as their careers progressed most of them moved into other homes, such as city apartments or villas.
There was also once a terrace café in the legendary tower block, complete with a liftboy. But complaints about excesses of various kinds increased, along with reported suicide attempts. "The café is long gone, now a computer design company has set up its office there and has a marvellous view of Vienna." Somehow or other, despite the touch of glamour lent by the personalities who lived there for a while, the Matzleinsdorf tower was always strongly contested and a subject of heated argument. In the almost 50-year history of the building there have been a number of suicides and deaths from drug abuse, as is indeed the case in other high-rise apartment buildings in Vienna. The difference was that what happened in Matzleinsdorf made the headlines: if there were parking problems there they found their way into the media.
In fact there is something appealing about this block. It stands in a relatively open residential district with many green areas. Local shopping facilities are good, for example in nearby Reinprechtsdorfer Strasse. There is a local train line, a tram and a bus route, the public transport infrastructure in the immediate environs is excellent.
The building, which is under a preservation order, is an interesting post-war structure with wide, bright corridors and two lifts, which were renovated in 1985. The laundry room in the basement is still used by a number of tenants, including younger ones who have moved into the building in recent years. There is also a drying room with hot air blowers. The use of the laundry room is included in the service charges and is monitored by Mr Kührer who – order is essential, as the saying goes – keeps a laundry room list.
The ground floor has a wonderful terracotta floor. The entrance, seen from outside, is less attractive, and rather reminiscent of some buildings in Eastern Europe. The caretaker admits this: "It's like as if you were to buy a new suit and then go around barefoot in it." Is there a shortage of money to improve this situation? Mr Kührer shrugs "The tenants' council is extremely cost-conscious." Nothing, or almost nothing can take place in the Matzleinsdorf tower block without the approval of the tenants' council. This is a practical example of "gentle urban renewal", as one of its

Die Familie Kührer zahlt jetzt nur noch einen Bruchteil der Heizkosten

The Kührer family now pay only a fraction of their former heating costs

Die Küche ist praktisch und geräumig

The kitchen is practical and spacious

praktiziertes Beispiel für die „sanfte Stadterneuerung". Eine ihrer Grundregeln ist, dass die Mieter in die Sanierungsprozesse einbezogen werden. Wie man hört, ist der Matzleinsdorfer Mieterbeirat, in dem sich viele Alteingesessene befinden, eher eigen, was Veränderungen betrifft. Nicht grundsätzlich dagegen – aber kosten darf es halt nichts.
So erfolgte die Finanzierung der wichtigsten Renovierung, die am Matzleinsdorfer Hochhaus seit dessen Errichtung stattfand, auch über eine Sondermaßnahme des Eigentümers Stadt Wien. Die „Thewosan-Sanierung" wurde über einen Mietzinsvorgriff auf die Mieten der kommenden zehn Jahre „beglichen". Die Mieter sind daher von jeglicher Mietzins- oder Betriebskostenerhöhung verschont geblieben (eine solche wäre allerdings gemäßigt ausgefallen, da die thermisch-energetische Gebäudesanierung Thewosan öffentlich gefördert wird).
Thewosan-Sanierung wird seit einigen Jahren in Wien groß geschrieben. Besonders Wohnhäuser aus den 60er-, 70er- und 80er-Jahren sollen auf diese Art „gedämmt" werden. Studien haben ergeben, dass dies zu einer Senkung der Energiekosten für die Mieter von bis zu 50 % führen kann. Ende 2003 waren rund 18.000 Wohnungen auf diese Art und Weise wärmegedämmt,

primary rules is that the tenants should be involved in the renovation process. One hears that the Matzleinsdorf tenants' council, which has many long-sitting members, has rather fixed ideas as far as changes are concerned. It is not essentially opposed to them – but they should not cost anything.
The financing of the most important renovation of the Matzleinsdorf tower block since it was built was therefore secured by a special measure on the part of the property owner, the City of Vienna. The "thewosan renovation" was "paid for" by an advance of the rental income for the next ten years. Thus the tenants were protected from any increases in rent or service charges (which would not in any case have been excessive, as thewosan – thermal energy building renovation – receives public subsidies).
Thewosan renovation has been an important theme in Vienna for several years now. Blocks of flats dating from the 1960s, 1970s and 1980s have been insulated using this system. Studies have shown that this can lead to a

250 Mieter verteilen sich auf 108 Wohnungen

250 tenants are distributed in 108 flats

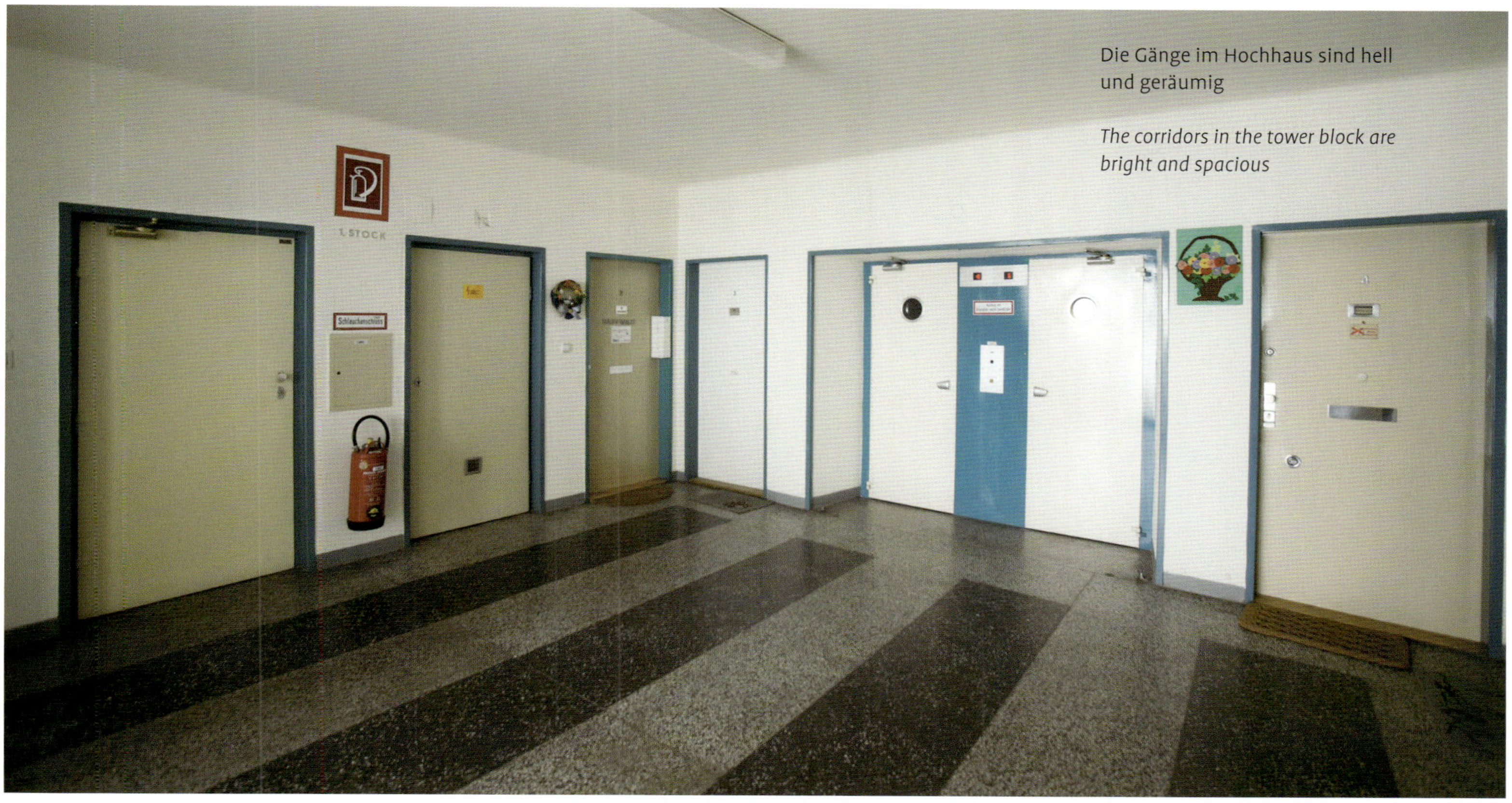

Die Gänge im Hochhaus sind hell und geräumig

The corridors in the tower block are bright and spacious

Blick auf Wien –
die Mischung von Alt und Neu macht die Stadt so faszinierend

View of Vienna –
the mix of old and new is what makes the city so fascinating

schlussendlich werden es 45.000 sein. Mit einem weiteren – umweltpolitischen – Effekt: Die CO_2-Emmissionen in der Bundeshauptstadt sinken um insgesamt 66.000 Tonnen pro Jahr – das entspricht einer durchschnittlichen Jahresleistung von 41.000 PKWs.
Im Matzleinsdorfer Hochhaus sanierte man Schritt für Schritt. Zunächst wurden die Fenster wärme- und schallgedichtet. Das Dach wurde komplett renoviert. Die Fassade, die an vielen Stellen schon in Auflösung begriffen war, wurde neu verkleidet. Zwischen dem Mauerwerk und der neuen Fassade wurde dämmende Steinwolle geschichtet.
Die Beheizung des Hochhauses wurde im Laufe der Jahre mehrmals geändert. Ursprünglich benützte man noch Koks, dann Heizöl schwer, später (ab Mitte der 90er-Jahre) Heizöl leicht. Hauswart Kührer: „Der Umstieg von Schweröl auf Leichtöl war für mich eine Riesenerleichterung. Die Heizanlage war vorher in der Nacht oft verdreckt und musste immer gereinigt werden.“ Jüngste Umstellung: der Anschluss an die Fernwärme. Herr Kührer meint, dass der Großteil der Bewohner „jetzt sehr glücklich mit der Heizsituation sei“. Er selbst (Heizungskosten muss auch der Hauswart zahlen) habe im vergangenen Jahr mindestens 150 Euro an Heizkosten gespart.

reduction in energy costs for the tenant of up to 50 per cent. By the end of 2003 around 18,000 flats had been thermally insulated in this way; at the end of the scheme the total should be 45,000. This programme has an additional environmental effect: the CO_2 emissions in the federal capital sink by a total of 66,000 tonnes per year – the equivalent of the average yearly emission of 41,000 motorcars.
The renovation of the Matzleinsdorf tower block was carried out step-by-step. First of all the windows were thermally and acoustically insulated. The roof was completely renovated. The façade, which was crumbling at several places, was given a new cladding. Rockwool thermal insulation was added between the walls and the new façade.
The heating system of the tower block has been changed several times in the course of the years. Originally coke was used, then heavy heating oil, later (from the mid-1990s) light heating oil. Caretaker Kührer: “The changeover from heavy to light heating oil was a great relief for me. Previously the heating system often got blocked in the middle of the night and had to be cleaned.” The most recent change is the connection to the district heating system. Mr Kührer says that the majority of the residents are now “very happy with the heating situation”. He himself

Die Waschküche wird noch von vielen Mietern benützt

Many of the tenants still use the laundry room

Dafür ist man im Hochhaus an anderer Stelle ein bisschen altmodisch. Es gibt nämlich noch keine Gegensprechanlage. Hauswart Kührer öffnet bei Spätkommenden, die keinen Schlüssel bei sich haben, noch persönlich (gegen einen entsprechenden Obulus, der in Wien „Sperrsechserl" genannt wird). Kührer: „Wenn ich am Abend einmal ins Theater geh', muss ich mir einen Ersatz aus einem der anderen Gemeindebauten in der Nähe suchen." Das gilt auch für die fünf Wochen Urlaub, die der Hauswart im Jahr konsumieren kann. Umgekehrt macht aber auch er Ersatzdienst für diesen Kollegen. Urlaub tut gut, denn ein Haus, wie jenes in Matzleinsdorf, kann einem Hauswart mitunter alles abverlangen. Und er wäre kein Wiener, besäße Herr Kührer nicht auch noch einen Schrebergarten in Simmering.
Weil man einmal nur für sich selbst da sein kann – und nicht nur für die anderen.

(caretakers also have to pay heating charges) has saved at least 150 euro a year in heating costs.
In contrast, other aspects of the tower block are somewhat more old-fashioned. There is, for example, no intercom system. For those who come home late without their key the caretaker opens the door personally (for a appropriate mite, known in Viennese dialect as a "Sperrsechserl"). Kührer: "If I want to go to the theatre in the evening I have to find a substitute from a nearby council building." This also applies to the five weeks holiday that the caretaker is allowed in the year. He himself also substitutes for his colleagues in other buildings. A holiday does one good, a building like the Matzleinsdorf tower block can make considerable demands on a caretaker. And Mr Kührer would not be a real Viennese if he did not also have an allotment garden in Simmering.
Because there you can think about yourself – and not only about others.

Legendärer Bau – das denkmalgeschützte und sanierte Matzleinsdorfer Hochhaus

A legendary building – the Matzleinsdorf tower block, a renovated listed monument

Häusliches Leben in der Behinderten-Wohngemeinschaft in der Dietrichgasse

Domestic life in the disabled community in Dietrichgasse

FREUDE AM LEBEN

In einem sanierten Haus der ehemaligen Erdberger Straßenbahnremise lebt eine besondere Wohngemeinschaft: Die zehn Bewohner sind psychisch und zum Teil auch körperlich behindert. Doch ein Besuch vermittelt den Eindruck, dass sie dank der Wohnverhältnisse und der liebevollen Betreuung, die sie genießen, viel Freude an ihrem Leben haben.

Michael (Namen wurden vom Autor geändert) sitzt auf seiner Schaukel und freut sich. Martina zeigt uns stolz eine Zeichnung, die sie angefertigt hat. Die Stimmung ist gut in der Dietrichgasse. Bald wird es Abendessen geben. Die Wohngemeinschafts-Leiterin – Claudia Darazs, 32 – und zwei ihrer Kolleginnen haben gekocht. Drei verschiedene Speisen stehen zur Auswahl für die sechs männlichen und vier weiblichen Bewohner: Bohnengulasch, selbst gemachte Pizza oder Toasts. Claudia hat Psychologie studiert. Für ihren Fulltime-Job in der WG bekommt sie 2200 Euro brutto. Aber kann man in diesem Fall von „Job" sprechen? Für die Psychologin ist das, was sie derzeit gemeinsam mit acht Kolleginnen macht, wohl mehr.

Die neun Frauen arbeiten für den Verein „Auftakt", der 1999 gegründet wurde – mit dem Ziel, Wohn- und Betreuungsplätze für Menschen mit Behinderungen zu finden. Im konkreten Fall sind es Menschen mit schwerer geistiger oder körperlicher Behinderung. Eine Bewohnerin kann sich nur im Rollstuhl fortbewegen. Die Ursachen für die Behinderungen sind oft bei der Geburt oder in der frühen Kindheit zu suchen, etwa durch Sauerstoffmangel oder Gehirnhautentzündung. Einige Bewohner – zwischen 15 und 18 Jahre alt – sind direkt aus dem Kinderheim zur WG gestoßen; die älteste Bewohnerin ist über 50.

Wo wären diese Menschen jetzt, wären sie nicht hier? Die meisten wohl auf der Psychiatrie, in einer Anstalt – sie würden dort sicher anders leben.

Hier in Wien-Erdberg leben sie so häuslich, wie Menschen eben in einer Wohnung leben. Nur, dass sie auch unter

WG-Leiterin Claudia Darazs mit Bewohnerin

Director of the community, Claudia Darazs, with one of the residents

Michael (names changed by the author) sits contentedly on his swing. Martina proudly shows us a drawing she has just made. The atmosphere in Dietrichgasse is pleasant. Soon it will be time for supper. The director of the community, 32-year-old Claudia Darazs, and two of her colleagues have cooked, three different dishes are offered to the six male and four female residents, bean goulash, home-made pizza or toasted sandwiches. Claudia has a degree in psychology, for her full time job in the community she earns 2,200 euro a month before tax. But can one really talk of a "job" in a case like this? For the psychologist what she does here with a total of eight female colleagues is something more.

The nine women work for the association "Auftakt", which was founded in 1999 with the aim of finding residential and care places for people with disabilities, in this specific case people with more severe mental or physical handicaps. One of the residents can get around only in her wheelchair. The causes for the disabilities often date from birth or early childhood, such as an interruption to the oxygen supply or meningitis. Several of the residents, who range between 15 and 18 years old, came directly to the community from a children's home, the oldest resident is over 50.

Where would these people be if they were not here? Most of them would probably be in a psychiatric hospital, where their lives would be very different.

Here in Vienna-Erdberg they live the kind of domestic life that people lead in an apartment, except that they are looked after, but not controlled. In the morning they are collected by a transport service in their own "Auftakt" bus

ENJOYING LIFE

A very special community lives in a renovated building of the old Erdberg tram depot complex: the ten residents are mentally handicapped and some also have physical disabilities. But a visit there leaves you with the impression that, thanks to their living conditions and the care taken of them, they can enjoy their lives.

Betreuung, nicht „Aufsicht“ heißt die Devise

Looking after, not “supervising” is the motto

Betreuung, nicht bloß unter „Aufsicht" stehen. In der Früh werden sie von einem Fahrtendienst, dem eigenen „Auftakt"-Bus, abgeholt und in verschiedene Werkstätten der Stadt Wien gebracht. Die meisten können nur therapeutisch beschäftigt werden. Einer der jungen Männer kann einen Job ausüben: Er macht Botengänge. Und jeden Sommer gibt es eine Urlaubsaktion. Da fährt man dann gemeinsam auf einen Bauernhof in Österreich.

Das Haus, in dem sich die Wohngemeinschaft befindet, gehörte früher zur Erdberger Straßenbahnremise. Es wurde schließlich komplett saniert und dem Verein „Auftakt" zur Verfügung gestellt. Eigentümer ist die Genossenschaft der Wiener Stadtwerke (GWSW). Die derzeitige Miete pro Quadratmeter, die der Verein an den Eigentümer zahlt, beträgt knapp über drei Euro. Die Finanzierung erfolgt über Subventionen der Stadt Wien und über Eigenbeiträge von Eltern oder anderen Verwandten, die etwa fünf bis sechs Euro pro Tag ausmachen. Kontakt mit den Angehörigen gibt es allerdings nur wenig.

Die Wohngemeinschaft ist nach dem „Würzburger Modell" eingerichtet, erklärt uns Geschäftsführer Herwig Küng, 47. Dieses wurde ursprünglich für einen therapeutischen Versuch mit jugendlichen Straftätern entwickelt und wird seither in modifizierter Form von vielen Behindertenbetreuungsgruppen angewandt: Alles ist baulich vernetzt, aber es sind Nischen und Höhlen eingerichtet, in die sich sowohl Betreuerinnen als auch ihre Schützlinge zurückziehen können. In der Wohnung, die sich im zweiten Stock des Hauses befindet, ist das vorherrschende Material helles Holz. Die Küche ist zum großen bunten Vorraum hin offen. Es gibt eine Fußbodenheizung. Diese macht sich auch deshalb bezahlt, weil viel am Boden gespielt wird. Eine Waldviertler Tischlerei hat den Großteil der Räumlichkeiten eingerichtet, und dies, sagt Geschäftsführer Küng, sei um nichts teurer gekommen, als wenn man die Möbel in einem Einrichtungshaus gekauft hätte.

Beim Essen wird auf Selbstversorgung Wert gelegt. Das käme billiger, so die Geschäftsführung. Kochen und Essen herrichten gehört zum Job der Betreuerinnen. Seit 1. Juli 2004 gibt es einen Kollektivvertrag für Behindertenbetreuer, der von den Arbeitgebern im Gesundheits- und Sozialbereich mit insgesamt vier zuständigen Gewerkschaften österreichweit ausverhandelt wurde. Gute Kräfte, so Herwig Küng, bekomme man derzeit ab 1700 Euro im Monat.

Glück auf der Schaukel, Stolz aufs eigene Werk

Happiness on the swing, pride in ones own work

Die Küche ist integriert in einen großen Wohnraum, helles Holz dominiert

The kitchen is integrated in a large living room where light-coloured wood dominates

Die Behinderten-WG in der Dietrichgasse ist eine von insgesamt sieben Wohngemeinschaften, die der Verein „Auftakt" in Wien besitzt und betreut, unter anderem auch in der Leopoldstadt, in Favoriten und in Liesing. Es gibt derzeit insgesamt 1800 Wohnplätze für Schwerbehinderte in Wien. Seit Mitte der 80er-Jahre wurden viele Plätze in Altbau-, Genossenschafts- und Gemeindebauten gekauft. Es gibt jedoch insgesamt Bedarf für 700 bis 1000 weitere Plätze, meint „Auftakt"-Geschäftsführer Küng. Derzeit sind in Wien 40 Plätze in Planung. Die Medizin sorgt heutzutage dafür, dass auch Menschen mit schweren Behinderungen länger am Leben bleiben können. Daher ist deren Zahl im Wachsen begriffen.
Eines der wichtigsten Anliegen der Wiener Wohn- als auch der Behindertenpolitik war und ist – neben der Betreuung in überschaubaren, menschenfreundlichen Wohneinheiten – die räumliche Integration. In vielen sanierten Objekten sind mittlerweile Behinderteneinrichtungen untergebracht, sei es in Wohneinheiten

and brought to various workshops of the City of Vienna. Most of them can do only therapeutic work. One of the young men can do a job and he carries out errands. And in summer there is a special holiday programme, they travel together to a farm somewhere in Austria.
The building in which the community lives once formed part of Erdberg tram depot, it was completely renovated and made available to "Auftakt". The rent per square metre that the association pays the owner is at present a little over three euro. The financing was carried out with subsidies from the City of Vienna and contributions from the parents or other relatives that amount to five to six euro daily. However, there is little contact with relatives. The commune is set up according to the so-called "Würzburg Model", the business manager of the community Herwig Küng (47) explains. This model was originally created for therapy programmes with young offenders and since then has been used in a modified form by many disabled care groups. Everything is connected

physically but there are niches and "caves" into which the carers, as well as those they look after, can retreat. In the flat located on the second floor of the building the primary material is light-coloured wood. The kitchen is open to the large colourful hall. There is underfloor heating. This is a worthwhile investment because the members of the community often play on the floor. A joinery in the Waldviertel region of Lower Austria supplied and fitted the furniture for most of the rooms and, says business manager Küng, this was no more expensive than buying the individual pieces in a furniture store.
When it comes to meals the emphasis is on self-reliance. This is less expensive, according to the management.

Das sanierte Haus in der Dietrichgasse

The renovated building on Dietrichgasse

oder in Tagesstätten. Und es gibt kaum Berichte über irgendwelche Probleme mit Anrainern oder Nachbarn. So verhält es sich auch bei dieser Wohngemeinschaft in Erdberg.
Im Betreuerzimmer in der Dietrichgasse sind Dienst- und Stundenpläne angebracht. Jeder der Bewohner bekommt seine Aufgaben zugeteilt. Manche können mehr leisten, manche weniger. Einige dürfen beispielsweise mit einkaufen gehen, oder Wäsche waschen. „Je mehr unsere Bewohner selber machen können, desto mehr können wir uns zurückziehen, und das hilft uns allen", so WG-Leiterin Claudia Darazs.
Das Gefühl, etwas leisten zu können, ist auch für die Mitglieder der Wohngemeinschaft Dietrichgasse etwas Wichtiges. Sie wollen dafür Lob und Anerkennung. Wie wir auch.
Es wird noch gegessen, als wir uns verabschieden. Hermann begleitet uns zur Tür und streichelt liebevoll unsere Hände. Wir fahren mit dem Lift hinunter und

Zur Therapie werden die Bewohner abgeholt

The residents are collected and brought to therapy by bus

gewöhnen uns langsam wieder an die andere, die unsrige Welt.
Ob man dort genauso viel Geduld und Liebe erfahren kann, wie in jener Welt, aus der wir gerade kommen?

Cooking and preparing meals is part of the carers' job. Since 1 July 2004 there has been a collective agreement for carers for the disabled, which was negotiated between the four unions responsible and employers in the area of health and social services. Good staff, says Herwig Küng, can be found from around 1700 euro a month at present.
The disabled community in Dietrichgasse is one of seven such communities that the association "Auftakt" owns and looks after in Vienna; some of the others are in Leopoldstadt, Favoriten and in Liesing. At present there are around 1800 residential places for severely disabled persons in Vienna. Since the mid-1980s many such places have been purchased in old buildings, cooperative and council housing blocks. There is a requirement for between 700 and 1000 further places, says "Auftakt" manager Küng. At present 40 are being planned in Vienna. Medical advances ensure that today people with severe disabilities can live longer, which explains why their numbers are growing.
Spatial integration has been and remains one of the central concerns of Viennese housing and disabled policy – in addition to setting up caring facilities in smaller, friendly residential units. Facilities for disabled persons have been established in many renovated buildings, either in the form of residential accommodation or day care centres. And there are hardly any reports of any problems with the other residents or neighbours. This is also the case with the community in Erdberg.
The duty roster and timetable hang on the wall in the carers' room in Dietrichgasse. Each of the residents has his or her specific tasks. Some can do more, others less. For example, some can go shopping with the staff members or do laundry. "The more our residents can do themselves, the more we can withdraw and that helps all of us", says the director of the community, Claudia Darazs.
The feeling of contributing something is also important for the members of the Dietrichgasse community. They look for praise and recognition in return, just like us.
They are still eating as we take our leave. Hermann accompanies us to the door and affectionately strokes our hands. We travel down with the lift and slowly adjust to our own, different world.
Can one find the same amount of patience and love here as in the world we have just left?

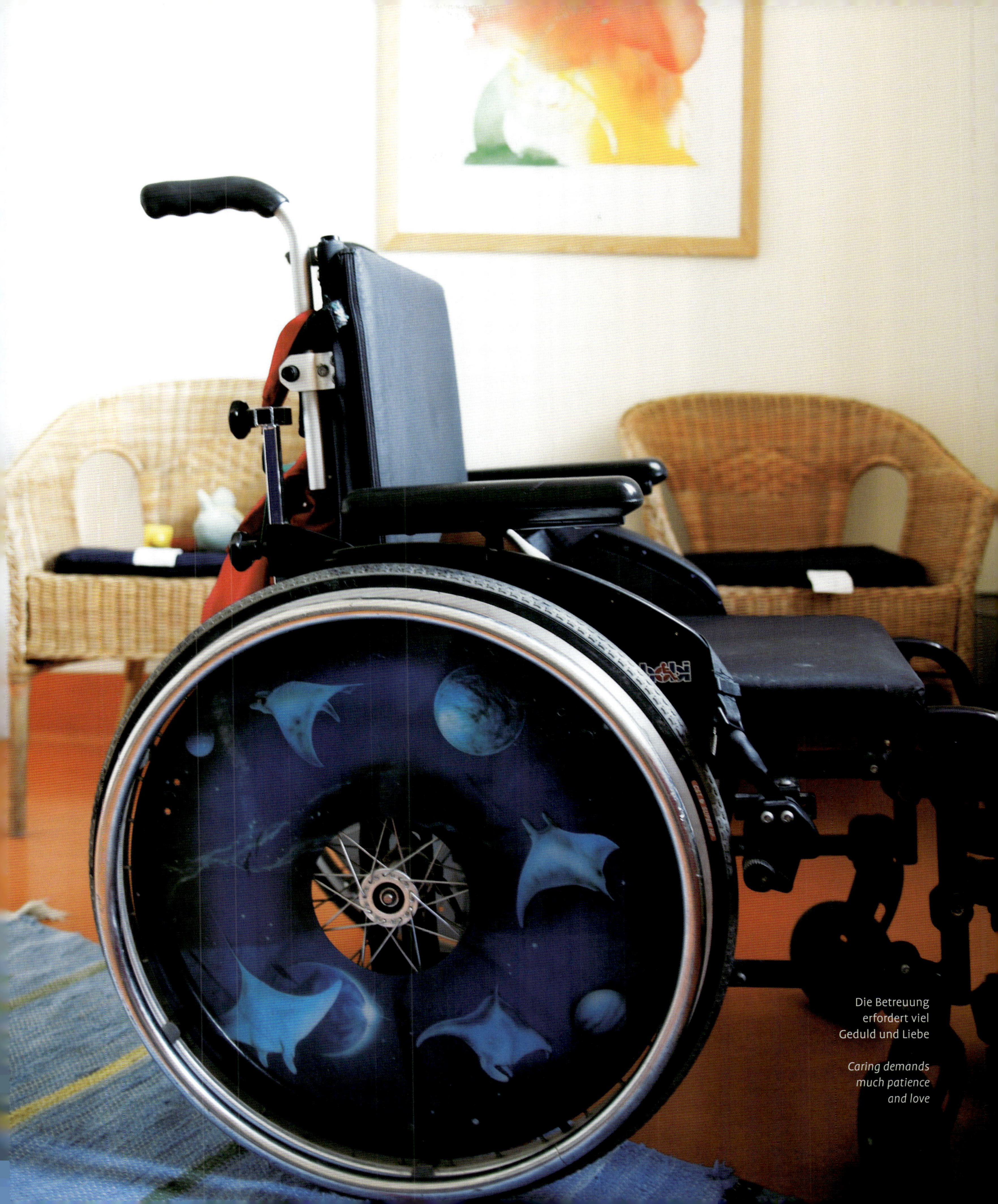

Die Betreuung
erfordert viel
Geduld und Liebe

*Caring demands
much patience
and love*

Lift und Stiegenaufgang
hinter Glas – ein Teil des
„neuen Langer-Blocks“

*Lift and stairs
behind glass – a part of
the “new Langer Block”*

UND NEUES LEBEN BLÜHT AUS DEN RUINEN …

Friedrich Schiller: „Wilhelm Tell“

Zu jenen Sanierungsprojekten, die in den letzten Jahren besondere Aufmerksamkeit erregten, gehört der so genannte Langer-Block in Wien-Hernals. Ein Wiener Architektenteam hat an der Front mitsaniert und dafür den Stadterneuerungspreis 2004 erhalten.

Mitte der 90er-Jahre: Das Areal zwischen Rosensteingasse, Gschwandnergasse, Lobenhauerngasse und Geblergasse im 17. Wiener Gemeindebezirk gehört zu den Schandflecken der Bundeshauptstadt. Der so genannte Langer-Block wird mittlerweile als „Wiens größtes Spekulationsviertel“ bezeichnet.
Der Block ist in einem katastrophalen Bauzustand. Neben Büros werden vor allem Arbeiterquartiere vermietet. Hohe Belagsdichte, richtige Kojen für – meist ausländische – Bauarbeiter, teilweise gibt es sogar Unterkünfte im Keller. Immer wieder schreitet die Baupolizei ein, erteilt Auflagen, doch der Hauseigentümer ignoriert das. Die Stadt Wien sieht sich zum Handeln gezwungen. Schließlich gelingt es ihr, mehrere neue Bauträger zu gewinnen, die die Liegenschaften nach intensiven Verhandlungen erwerben: die gemeinnützigen Bauvereinigungen GEWOG, Neue Heimat, Österreichisches Siedlungswerk und Familienhilfe.
Frühjahr 2004: Wir besuchen das geräumige 220 m^2 große Büro der Architektengruppe JRSS in der Gschwandnergasse 26–28. Ein Gründerzeit-Eckhaus, das die Neue Heimat gekauft hat und das von JRSS als Teil der Sanierung des gesamten Langer-Blocks liebevoll und originell runderneuert wurde. Anfang der 90er-Jahre hatten JRSS in dem Spekulationsobjekt ihr Büro bezogen. 2004 bekamen sie für dessen Umbau den Stadterneuerungspreis.

Architekt Reinhard Schrom

Architect Reinhard Schrom

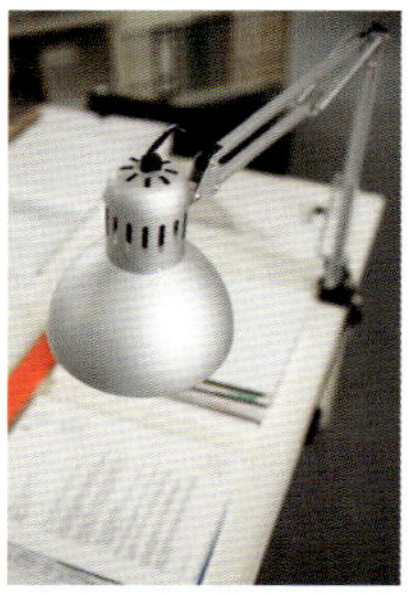

The mid-90s: the area between Rosensteingasse, Gschwandnergasse, Lobenhauerngasse and Geblergasse in the 17th district of Vienna is one of the main problem areas in the federal capital. The so-called Langer Block becomes known as "Vienna's largest speculation district".
The block is in an appalling condition. As well as offices it consists primarily of "dwellings" rented to workers: the density is extremely high, there are mere berths for building workers – mainly foreigners – and in some cases people even live below ground level in the basement. The building authorities repeatedly intervene, impose conditions, but these are ignored by the property owner. The City of Vienna sees itself obliged to act and finally succeeds in finding new developers who, after intensive negotiations, purchase the property: the building associations GEWOG, Neue Heimat, Österreichisches Siedlungswerk *and* Familienhilfe.
Spring 2004: we visit the spacious 220 square metre office of the architects' practice JRSS in 26–28 Gschwandnergasse, a corner building dating from the later part of the 19th century that was acquired by Neue Heimat. *At the beginning of the 1990s JRSS moved their office into this speculation property and in 2004 they received the city refurbishment plan for the conversion.*
JRSS was originally made up of Reinhard Schrom, Pawel Raczew, Gernot Jedlicka, Sepp Seeberger (of whom Schrom, Raczew and Jedlicka are still actively involved in the practice today).

AND NEW LIFE BLOSSOMS FROM AMONG THE RUINS …

Friedrich Schiller: "Wilhelm Tell"

The so-called Langer Block in Vienna-Hernals is one of the renewal projects that have attracted particular attention in recent years. A Viennese team of architects helped with the renovation and were awarded the city renewal prize 2004 for their efforts.

Das Architektenteam JRSS

The architects' team JRSS

Reinhard Schrom leads us with a certain pride through the renovated building. And his pride is entirely justified. The former ruin has been transformed into a block of flats that has been completely restored in a highly original way. Where there was previously a sewing machine and pistol factory there is now a glazed access deck leading to the bright apartments. A glazed staircase with a new lift offers an exciting contrast to the renovated old façades in the inner courtyard that has acquired its own special charm through the insertion of the old (renovated) factory windows. The external façades of the building have been completely restored and now harmonise with their surroundings. Architect Schrom recalls the former situation: "There was a pub, a bar and even a brothel, whose owner always cruised through the local streets in a Ferrari. But otherwise he was actually a rather nice chap."
The Langer Block project meant a great deal of work for the architects' practice JRSS. Firstly, they had to produce proof

JRSS – das sind Reinhard Schrom, Pawel Raczew, Gernot Jedlicka, Sepp Seeberger (davon sind Schrom, Raczew und Jedlicka heute noch aktiv).
Stolz führt uns Reinhard Schrom durch das sanierte Objekt. Und stolz kann er zu Recht sein. Die Ruine von einst ist einem originell runderneuerten Wohnhaus gewichen. Wo ursprünglich eine Nähmaschinen- und Pistolenfabrik existierte, befindet sich jetzt ein pawlatschenartiger verglaster Laubenhof, der zu hellen Wohnungen führt. Ein verglastes Stiegenhaus, in dem sich der neu eingebaute Lift befindet, bietet einen spannenden Kontrast zur erneuerten Altfassade im Innenhof, die durch den Einbau der alten und wieder hergestellten Fabrikfenster einen besonderen Reiz bekam. Auch die Außenfassade des Hauses wurde wieder hergestellt. Und passt zur Umgebung, so wie sie sich jetzt präsentiert. Architekt Schrom erinnert sich noch an die Vergangenheit: „Da waren ein Pub, eine Bar und

that a renovation made economic sense. The question was whether demolition and a new building would not be cheaper. The architects fought for a renovation. And they finally succeeded in putting convincing economic arguments on the table. The costs of their project ultimately amounted to 2.6 million euro. Up to completion in 2003 JRSS themselves sat at the centre of a large building site. This meant noise, dust and chaos. Schrom recalls that the situation was particularly bad when the plumbing pipes were being laid through the building.
The reward for all this inconvenience: 22 lovely new apartments have been made in 26–28 Gschwandnergasse along with three offices and lofts. Five flats have a terrace, three of them have balconies, and an atrium apartment with a terrace was also made.
Every architect's career has a high point. For the 57-year-old Reinhard Schrom and his colleagues, who at present are carrying out a number of attic conversions and thermal

Der Langer-Block vor der Sanierung

The Langer Block before rehabilitation

Das Projekt bedeutete für die Architekten Schwerstarbeit

The project meant intensive hard work for the architects

sogar ein Bordell, dessen Besitzer immer mit einem Ferrari in den Gassen herumkurvte. Der war aber sonst recht nett."

Das Projekt Langer-Block bedeutete für die Architektengruppe JRSS Schwerstarbeit. Zunächst einmal musste von ihr nachgewiesen werden, dass eine Sanierung wirtschaftlich sinnvoll sei. Die Frage war, ob nicht Abriss und Neubau billiger kämen. Die Architekten kämpften um die Sanierung. Und es gelang ihnen schließlich, die überzeugenden ökonomischen Argumente auf den Tisch zu legen. Die Kosten ihres Projekts beliefen sich letztlich auf 2,6 Millionen Euro. Bis zur Fertigstellung im Jahr 2003 saßen JRSS dann selbst in einer Großbaustelle. Das bedeutete Lärm, Staub und Chaos. Besonders schlimm sei es gewesen, so Schrom, als die Sanitärstränge durch das Büro gezogen wurden.

Der Lohn für derlei Unbill: 22 schöne neue Wohnungen sind im Haus Gschwandnergasse 26–28 entstanden, plus

insulation improvements, the Langer Block represents such a high point.

The flats measure between 55 and 108 square metres in floor area; the entire building was made suitable for use by disabled persons. At present most of the tenants are singles (young university graduates), only a few have children.

The rents in the former Langer Block are by and large reasonable, also for residents whose wallets are not so well filled. The average rent per square metre is 5.77 euro, including service charges and VAT. The infrastructure is satisfactory: there are several tram lines in the immediate proximity, the nearby Hernalser Hauptstrasse and Ottakringer Strasse offer a wide range of local shops and amenities, schools and numerous doctor's and dentist's surgeries are within reachable distance.

We take a look at the large, spacious internal courtyard. It has been "cored", to use the specialist jargon (i.e. cleared of redundant structures). It is early afternoon and the former Langer Block seems like an oasis of calm amidst the urban bustle. In the courtyard there is a small modest building (developer GEWOG), in which the City of Vienna provides a day care service for disabled young people. The young people are brought here in the morning by bus and collected again in the evening. In the Langer Block the cohabitation of tenants with the disabled appears to function without any problems. Architect Schrom: "The integration idea in Vienna is now so widespread that tenants accept disabled persons in their immediate surroundings without any difficulties."

The architectural image offered by the courtyard is a colourful one. "One can by and large describe it as a success", Schrom says, in a somewhat reserved way. But it is precisely the variety of these buildings that constitutes the main attraction of the project. The harmony that was nonetheless achieved is, perhaps, somewhat accidental, as not only were several developers involved in the refurbishment of the entire Langer Block, but also different, very creative architects. In particular intensive cooperation with the local development office contributed to the fact that this large project with almost 200 new or renovated flats costing a total 19 million euro and subsidised by the City of Vienna to the extent of 6.8 million euro has received its own special note.

And it also functions: green areas make the internal courtyard more friendly; there is a large children's playground with a climbing tower made of flexible rubber ropes and a rubber mat as flooring to mitigate the results

drei Büros und Lofts. Fünf Wohnungen besitzen eine Terrasse, drei Wohnungen Balkone; zusätzlich wurde eine Atriumwohnung mit Terrasse gebaut.
Jede Architektenkarriere hat einen Höhepunkt. Für den 57-jährigen Reinhard Schrom und seine Kollegen, die derzeit viele Dachbodenausbauten und Wärmedämmungssanierungen durchführen, war der Langer-Block ein solcher.
Die Wohnungen haben Größen zwischen 55 und 108 m²; das komplette Haus wurde behindertengerecht gebaut. Die Mieter sind derzeit mehrheitlich Singles (jüngere Akademiker); nur wenige haben Kinder.
Die Mietpreise im ehemaligen Langer-Block sind im Großen und Ganzen erschwinglich, auch für Bewohner, deren Brieftasche nicht ganz so dick ist. Die Durchschnittsmiete pro Quadratmeter beträgt 5,77 Euro inklusive Betriebskosten und Umsatzsteuer. Die Infrastruktur ist zufrieden stellend: mehrere Straßenbahnlinien in unmittelbarer Nähe, die Hernalser Hauptstraße und Ottakringer Straße in der Nähe bieten eine Menge Nahversorgungseinrichtungen, Schulen und zahlreiche Ordinationen sind in Reichweite.
Wir blicken auf den großen und geräumigen Innenhof. Er ist entkernt, wie das im Fachjargon heißt. Es ist früher Nachmittag, und der ehemalige Langer-Block wirkt wie eine Oase der Ruhe – mitten in der Stadt. Im Hof befindet sich ein kleines, dezentes Gebäude (Bauträger GEWOG), in dem die Stadt Wien behinderte Jugendliche tagsüber betreut. Die Jugendlichen werden in der Früh mit Bussen gebracht und abends wieder abgeholt.
Auch im Langer-Block scheint das Zusammenleben der Mieter mit Behinderten völlig klaglos zu funktionieren. Architekt Schrom: „Der Integrationsgedanke schlägt in Wien mittlerweile bereits so durch, dass die Bewohner Behinderte in ihrer unmittelbaren Umgebung ohne Wenn und Aber tolerieren."
Das architektonische Bild, das sich einem im Innenhof bietet, ist bunt. „Man kann es im Großen und Ganzen als gelungen bezeichnen", gibt sich Schrom etwas zurückhaltend. Doch gerade die Vielfalt, die die Objekte kennzeichnet, macht den Reiz dieses Projektes aus. Die dennoch vorhandene Harmonie ist vielleicht ein bisschen zufällig entstanden, waren an der Sanierung des gesamten Langer-Blocks doch nicht nur mehrere Bauträger, sondern auch verschiedene, sehr kreative Architekten beteiligt. Insbesondere hat die intensive Koordination durch die Gebietsbetreuung dazu

Verglaster Gang, Blumen und erschwingliche Mietpreise

Glazed corridor, plants and affordable rents

Kinderspielplatz mit Kletterturm aus flexiblen Gummiseilen

Children's play area with climbing tower made of flexible rubber ropes

beigetragen, dass das Großprojekt mit immerhin fast 200 neuen oder sanierten Wohnungen, das alles in allem 19 Millionen Euro kostete und von der Stadt Wien mit 6,8 Millionen Euro gefördert wurde, eine besondere Note erhielt.
Und auch funktioniert: Grünflächen machen den Innenhof noch freundlicher; ein großer Kinderspielplatz mit einem Kletterturm, der aus flexiblen Gummiseilen besteht; eine Gummimatte als Belag, damit der Aufprall bei einem möglichen Absturz gemildert wird … Im Laufe des Nachmittags wird sich der Innenhof mit Leben füllen. Wenn die Erwachsenen von der Arbeit und die Kinder von der Schule kommen, wird es ein bisschen lauter und lebendiger werden. Es riecht nach Zufriedenheit und ein bisschen Glück.
Vor ein paar Jahren hat hier noch alles ganz anders ausgesehen. Und es bedurfte großer Phantasie, um sich den jetzigen Zustand vorstellen zu können. Ein paar Politiker, Baumanager und Architekten hatten diese Phantasie.
Was aus Ruinen alles werden kann.

of a tumble. In the course of the afternoon the courtyard begins to fill with life. When adults come home from work and children return from school it gets a little louder and livelier. It smells of contentment and a small portion of good fortune.
Only a few years ago everything here looked very different. And it required a great deal of fantasy to be able to imagine the present situation. A few politicians, building managers and architects had sufficient imagination.
It is truly amazing what can be made out of a ruin.

Was aus Ruinen alles werden kann

Amazing what can be made out of ruins

Ein Großprojekt, das mit 6,8 Millionen Euro gefördert wurde

A major project, financed to the sum of 6.8 million euro

Die Vielfalt der Objekte ergibt ein architektonisch buntes Bild

The diversity of the buildings makes a colourful architectural image

WIENS STADTERNEUERUNG

Daten und Fakten

Die Vielfalt der seit nunmehr zwei Jahrzehnten praktizierten Stadterneuerung in Wien zeigt sich auf mehreren Ebenen: Sie wird mittlerweile in allen Wiener Bezirken angewandt, ist also schon flächendeckend. Sanierungen finden in kleineren Objekten ebenso wie in großen Häusern oder Häuserblöcken statt. Sowohl Althäuser als auch Bauten der Zwischenkriegszeit und Objekte der Nachkriegszeit sind einbezogen. Die Eigentümerstruktur reicht von privat über Genossenschaften bis hin zu Gemeindebauten. Und erneuert wird vom Keller bis zum Dachgeschoss. Der folgende Überblick zeigt an einigen ausgewählten Beispielen einen Querschnitt verschiedenster Objekte und Sanierungsarten (Abkürzungen: EG = Erdgeschoss, DG = Dachgeschoss).

Die **Blocksanierung** ist eine im Rahmen eines Sanierungskonzeptes liegenschaftsübergreifende gemeinsame Sanierung von mehreren Gebäuden oder Wohnhausanlagen in Verbindung mit Maßnahmen zur städtebaulichen Strukturverbesserung. Dabei werden vor allem folgende Maßnahmen durchgeführt:

- Wohnhaussanierung (insbesondere Sockel- oder Totalsanierung bzw. Verbesserungsmaßnahmen);
- Auflockerung zu dichter Bebauung durch Abbruchmaßnahmen an Hinter- und Nebengebäuden zur Verbesserung der Belichtungs- und Belüftungsverhältnisse;
- Ausgleich der abgebrochenen Nutzflächen durch Dachgeschoss-Ausbau oder Aufstockung in den laut

The diversity of urban renewal as practiced in Vienna for around two decades is revealed on several levels: it is by now applied in every urban district and is therefore all-encompassing. Refurbishments are carried out to small buildings as well as to larger ones or indeed entire blocks. Old buildings as well as those dating from the interwar and post-war periods are included. The buildings renewed can be in private ownership, owned by cooperatives or by the Vienna council. Renovation work is carried out from the basement to the attic. The following overview uses a number of selected examples to present a cross-section of the different buildings and kinds of rehabilitation work.

Block Renewal *is the joint rehabilitation of several separate properties or housing complexes in the context of an overall rehabilitation concept, allied with measures to improve the urban structure. The following are the principal measures employed:*

- *Housing rehabilitation (in particular basic or total renewal or improvement measures);*
- *Reduction of excessive density through demolition of rear or ancillary buildings with the aim of improving the quality and amount of light and air;*
- *Compensating for usable floor area demolished by converting attics or adding a storey in those zones of the development plan where such measures are permitted (special subsidy conditions for block renewal and areas in urgent need of renewal);*
- *Increasing the density of under-utilized properties through additions, demolitions and new buildings;*

VIENNESE URBAN RENEWAL

Dates and Facts

Bebauungsplan vorgesehenen Bereichen (spezielle Förderungskonditionen für Blocksanierungen und in erneuerungsdringlichen Zählgebieten);
- Nachverdichtung von untergenutzten Liegenschaften durch Zubau, Abbruch und Neubau;
- Verbesserung im Wohnumfeld (z. B. Grünflächen, Schaffung von PKW-Einstellplätzen, Verkehrsberuhigung, ökologische Maßnahmen);
- Sicherung und Verbesserung gewünschter Nutzungsmischungen (Wohnen/Arbeiten/Nahversorgung);
- Schaffung sozialer und technischer Infrastruktureinrichtungen;
- Koordination von allgemeinen Maßnahmen im öffentlichen Raum.

Die **Sockelsanierung** ist eine im Rahmen eines Sanierungskonzeptes durchgreifende allenfalls auch schrittweise Sanierung eines Gebäudes bei aufrechten Miet- oder sonstigen Nutzungsverhältnissen. Mit einer umfassenden Revitalisierung wird der Grundstein – der „Sockel“ – dafür gelegt, dass die allgemeinen Teile des Hauses erneuert und die Wohnungen zumindest mittelfristig im Standard angehoben werden. Folgende Maßnahmen werden dabei vor allem gesetzt:
- notwendige Erhaltungsarbeiten an den allgemeinen Teilen wie Fassadeninstandsetzung, Dachreparatur, Instandsetzen der Steigleitungen, des Kanals etc.;
- hausseitige Verbesserungsarbeiten soweit zweckmäßig und wirtschaftlich vertretbar (z. B. Aufzugseinbau, Einbau von Schallschutzfenstern etc.);
- Standardanhebung von mindestens 20 % der Wohnnutzfläche. Im Zuge der „Huckepacksanierung“ ist auch die Verbesserung von bewohnten Wohnungen möglich. Leer stehende Wohnungen können während der Antragsstellungs- und Bauvorbereitungsphase an karitative Organisationen befristet vermietet werden.

Thewosan hat zum Ziel, durch Reduktion von Luftschadstoffen und CO_2 zur Verbesserung der Umweltsituation beizutragen. Der zusätzliche Effekt für die Nutzer ist die Verringerung der Heizkosten. Förderbar sind alle baulichen Maßnahmen, die der Verringerung des Heizwärmebedarfes dienen:
- Wärmedämmung umgebungsexponierter Bauteile (Außenwände, oberste Geschossdecke, Kellerdecke etc.);

- *Improvements to the housing environs (e.g. green areas, creation of parking spaces, traffic reduction, ecological measures);*
- *Securing and improving the desired mix of uses (housing/working/local shops);*
- *Creation of social and technical infrastructure facilities;*
- *Coordination of overall measures in public space.*

Basic Renewal *is the radical (at times phased) rehabilitation of a building carried out in the framework of a rehabilitation concept that allows the preservation of existing tenancies or other uses. By means of a comprehensive revitalisation a "base" is established that allow the communal parts of the building to be renewed and the standard of the flats raised, at least in the medium term. The following are the principal measure employed:*
- *Necessary maintenance work to all communal areas such as façade renovation, roof repairs, repair of rising mains, drains etc.;*
- *Improvements by the building owner in as far as these are appropriate and economically sensible (e.g. the insertion of a lift, fitting of sound insulation windows etc.);*
- *Improvements to the standard of at least 20 per cent of the total residential floor area. In the course of a so-called "piggyback" renewal it is also possible to renovate occupied flats. During the application and construction preparation phases empty dwelling can be rented on short-term leases to charitable organisations*

Thewosan *has as its goal the improvement of our environment through the reduction of air pollutants and* CO_2 *levels. Lower heating costs are an additional benefit for the user. All building measures leading to a drop in the consumption of heating energy qualify for grants:*
- *Thermal insulation of exposed areas of buildings (external walls, top storey roof slabs, floor slabs over basements etc.);*
- *Renovation of windows and external doors;*
- *Eradication of thermal bridges.*

In addition to these measures, improvements to existing heating, ventilation and water heating systems or the installation of new systems also qualify for grants. The grant is a single, non-repayable contribution per square metre of the usable floor area and is staggered according to the level of reduction in the heating energy requirements or is based on comparisons with the standards of a low energy building.

– Erneuerung der Fenster und Außentüren;
– Beseitigung von Wärmebrücken.
In Ergänzung dazu ist auch die Verbesserung oder Schaffung von haustechnischen Auflagen zur Beheizung, Belüftung und Warmwasseraufbereitung förderbar. Die Förderungsleistung ist ein einmaliger nicht rückzahlbarer Beitrag pro m² Nutzfläche und wird gestaffelt, abhängig von der Reduzierung des Heizwärmebedarfes bzw. vom Ergebnis des Vergleiches mit dem Standard eines Niedrigenergiehauses.

2003 wurde zur **Lückenverbauung** die Kleinbaustellenförderung eingerichtet, die zusätzlich zur Wohnbauförderung gewährt wird. 65 Kleinst- und Kleinprojekte wurden bis Mitte 2004 auf diese Weise gefördert. Die Kleinbaustellenförderung funktioniert nach dem Prinzip „Je kleiner das Grundstück, desto höher die Förderung". Sie wird bis zu einer Gesamtnutzfläche von 4500 m² gewährt und beträgt im Höchstfall 140 Euro pro Quadratmeter. Voraussetzung ist, dass der Förderungsgegenstand eine Miet- oder Eigentumswohnhausanlage ist. Die Förderung gilt nicht für den verdichteten Flachbau, Dachgeschossausbauten, Eigenheime und Kleingartenwohnhäuser.

In 2003 in order to ***close gaps*** *in the city a scheme for small building site subsidies was set up, which are granted in addition to housing subsidies. Up to mid-2004 65 small projects have been subsidised in this way. The small building site subsidy functions according to the principle: "the smaller the site the higher the subsidy". It is granted to projects up to 4500 square metres in area and the maximum grant is 140 euro per square metre. The requirement is that the object to receive a subsidy must be rented or owner-occupied housing. The subsidy is not granted to low-rise, high-density housing, attic conversions, private houses or dwelling houses in allotment gardens.*

Note: In the following list of projects, for reasons of space and other technicalities, building costs are written using the Continental European system only, i.e. a comma is used to mark the decimal point and a point (rather than a comma) to separate the thousands.
For example: € 501.442,56 means five hundred and one thousand, four hundred and forty-two euro and fifty-six cent.
For similar reasons a version of the Viennese postal address system is used: First comes the number of the city district followed by Wien (German for Vienna). The name of the street comes next, followed by the number of the building. For example: 1060 Wien, Liniengasse 33 means number 33 Liniengasse in the 6th district of Vienna. In postal addresses the Viennese city districts 1–23 are written 1010–1230, i.e. the 6th district is written 1060, the 11th 1110, the 20th 1200 and so forth.

1010 Wien, Blutgasse 1

Baujahr/Built in: 1752
Eigentümer/Owner: Metropolitankapitel zu St. Stephan
Baubetreuer/Project supervisor: Arch. Prof. DI Stögerer
Sockelsanierung/Basic renewal: 5/88–12/88
Gesamtkosten/Total cost: € 501.442,56 (Landeszuschuss/Council grant: € 501.442,56)
- 24 Wohneinheiten; 1 Kategorieanhebung
- *24 dwelling units; 1 category upgrade*

1010 Wien, Annagasse 14

Baujahr/Built in: 1700
Eigentümer/Owner: Peges Bau-Projekt
Baubetreuer/Project supervisor: Arch. DI Cedo Karl Kirchner
Totalsanierung/Total renewal: 4/89–6/92
Gesamtkosten/Total cost: € 477.533,19 (Landeszuschuss/Council grant: € 290.691,34)
- 3 Wohneinheiten, davon 1 DG-Ausbau/Zubau; 6 Wohnungszusammenlegungen auf 2
- *3 dwelling units, 1 in attic conversion/extension; 6 flats combined to create 2 larger ones*

1020 Wien, Grosse Schiffgasse 3

Baujahr/Built in: 1910
Eigentümer/Owner: Verein der Heilsarmee
Baubetreuer/Project supervisor: Mag. arch. Robert Dax
Sockelsanierung/Basic renewal: 7/98–2/00
Gesamtkosten/Total cost: € 2.027.800,00 (Landeszuschuss/Council grant: € 1.216.680,00)
- 44 Wohneinheiten, davon 5 DG-Ausbau/Zubau; seit 1958 bestehendes Männerheim der Heilsarmee; beherbergt 60 wohnungslose Männer; im DG 3 Wohnungen für die Leitung des Hauses; im EG Therapie- und Beschäftigungsräume; im Dezember 1999 konnte der Betrieb stufenweise wieder aufgenommen werden; das Architekturkonzept verbindet Altes und Historisches mit Neuem und Zeitgenössischem; ökologische Aspekte wurden besonders berücksichtigt; eine „zweite Haut“ aus Glas im DG schafft Klimazonen, was die Heizkosten um fast 50 % reduziert; im Sommer Beschattung durch natürliche Begrünung, die das Klima wesentlich verbessert; Umstellung auf Fernwärme; ausgezeichnet mit dem Stadterneuerungspreis 2001
- *44 dwelling units, 5 of them in the attic conversion/extension; Salvation Army men's hostel, in existence since 1958; accommodates 60 homeless males; three staff flats on attic level; therapy and occupational therapy rooms on ground floor; from December 1999 the hostel was reopened in stages; the architectural concept combines the old historic substance with new, contemporary features; special emphasis on ecological aspects; a "second skin" of glass at attic level creates climatic zones that reduce the heating costs by almost 50 %; in summer trees provides shade that effectively improves climatic conditions; connected to district heating system; awarded the City Renewal Award 2001*

1030 Wien, Barichgasse 16

Baujahr/Built in: 1870

Eigentümer/Owner: Dr. Franz König

Baubetreuer/Project supervisor: WVG-Bautechnik

Sockelsanierung, DG-Ausbau/Basic renewal, attic conversion: 5/01–11/02

Gesamtkosten/Total cost: € 3.709.800,00 (Landeszuschuss/Council grant: € 1.966.521,70)

- 37 Wohneinheiten, davon 24 DG-Ausbau/Zubau; 1 Kategorieanhebung; 16 Wohnungszusammenlegungen auf 12; Zubau so groß wie der Altbestand; Zubau schließt die Baulücke zu der Nachbarliegenschaft (Haus Dannebergplatz 10); Zubau mit Garage im Kellergeschoss und Personenaufzug; einheitlich gestalteter DG-Ausbau über Alt- und Neubau
- *37 dwelling units, 24 of them in the attic conversion/extension; 1 category upgrade; 16 flats combined to create 12 larger ones; extension is same size as old building; extension closes the gap to the neighbouring building (Dannebergplatz 10); extension with garage at basement level and passenger lift; uniformly designed attic storey over old and new building*

1040 Wien, Margaretenstrasse 38

Baujahr/Built in: 1903

Eigentümer/Owner: Edith Spitzer

Baubetreuer/Project supervisor: Arch. DI Klaus Rainer

Sockelsanierung/Basic renewal: 9/97–2/00

Gesamtkosten/Total cost: € 3.927.200,00
(Landeszuschuss/Council grant: € 2.669.643,49; Landesdarlehen/Council loan: € 44.496,55)

- Blocksanierung; Hofmauern abgebrochen; stattdessen ein Lochblechzaun errichtet; Zugang zum Planquadrat geschaffen (einem im angrenzenden Block gelegenen halböffentlichen Park); elektrische Türöffner für Behinderte und Rampe für Rollstuhlfahrer errichtet
- *Block renewal; courtyard walls demolished and replaced by perforated metal fence; access created to Planquadrat (semi-public park in adjoining block); electronic door opener fitted for disabled, wheelchair ramp made*

1040 Wien, Wiedner Hauptstrasse 55

Baujahr/Built in: 1846

Eigentümer/Owner: Karoline OTT'sche Stiftung

Baubetreuer/Project supervisor: GESIBA

Sockelsanierung, DG-Ausbau/Basic renewal, attic conversion: 2/98–12/99

Gesamtkosten/Total cost: € 1.879.800,00 (Landeszuschuss/Council grant: € 437.359,32)

- 16 Wohneinheiten, davon 4 DG-Ausbau/Zubau; 4 Geschäftslokale; Stiftungshaus; Sockelsanierung mit Blocksanierung; Abbruch von Hofgebäuden; Schaffung von Sitzplätzen im Hof; Fahrradabstellraum und Waschküche errichtet; Sozialwohnungsobjekt für Jugendliche geschaffen; Erneuerung der Veranden
- *16 dwelling units, 4 of them in the attic conversion/extension, 4 business premises; endowment property; basic renewal with block renewal; courtyard buildings demolished; seating area created in courtyard; bicycle room and laundry room built; social housing for young people created; verandas renovated*

1050 Wien, Kleine Neugasse 9

Baujahr/Built in: 1903

Eigentümer/Owner: Mag. Dale André Martin

Baubetreuer/Project supervisor: Ing. Mag. E. Schuh

Sockelsanierung, DG-Ausbau, Lifteinbau/Basic renewal, attic conversion, new lift installed: 10/94–12/97

Gesamtkosten/Total cost: € 1.286.700,00 (Landeszuschuss/Council grant: € 1.054.054,87)

- 17 Wohneinheiten, davon 2 DG-Ausbau/Zubau; vor Sanierung überwiegend Kategorie-C-Wohnungen und „abgeräumte" Fassade (mit Ausnahme eines Frieses unterhalb des Daches und eines kleinen Halbreliefs neben dem Hauseingang); Wiederherstellung der ursprünglichen Fassade; ausgezeichnet mit dem Sonderpreis für Fassadengestaltung im Rahmen des Stadterneuerungspreises 2001
- *17 dwelling units, 2 of them in the attic conversion/extension; before renewal flats were mostly category C and the façade had been "stripped" (apart from the frieze below the eaves and a small semi-relief beside entrance); original façade restored; awarded special prize for façade design in the context of the City Renewal Awards 2001*

1050 Wien, Pilgramgasse 7

Baujahr/Built in: 1867

Eigentümer/Owner: Julius und Theresia Hönig'sche Stiftung

Baubetreuer/Project supervisor: GESIBA

Sockelsanierung/Basic renewal: 2/96–9/97

Gesamtkosten/Total cost: € 603.900,00 (Landeszuschuss/Council grant: € 117.748,16)

- 7 Wohneinheiten; 4 Geschäftslokale; Stiftungshaus; Rekonstruktion der Straßenfassaden nach alten Photographien und Plänen; Herstellen eines gedeckten Fahrradabstellplatzes
- *7 dwelling units; 4 business premises; endowment building; street façade reconstructed according to old photographs and plans; bicycle shed built*

1050 Wien, Diehlgasse 11–13

Baujahr/Built in: 1904

Eigentümer/Owner: J. E. Loidold Ges.m.b.H.

Baubetreuer/Project supervisor: Anselm Müller – Muellerdesign

Sockelsanierung, DG-Ausbau/Basic renewal, attic conversion: 7/96–7/02

Gesamtkosten/Total cost: € 1.962.000,00
(Landeszuschuss/Council grant: € 1.530.786,22; Landesdarlehen/Council loan: € 24 936,37)

- 20 Wohneinheiten, davon 6 DG-Ausbau/Zubau; 3 Kategorieanhebungen; 4 Wohnungszusammenlegungen auf 2, Haus mit mehrgeschossigen Straßentrakten; Werkstättengebäude im Hof abgerissen; Hof entkernt und eine Tiefgarage errichtet; Garagendach mit Hofbegrünung; im entkernten Hof kleines Mehrfamilienhaus errichtet; Garage liegenschaftsübergreifend mit Diehlgasse 15 erbaut, Hof wird ebenfalls gemeinsam mit Diehlgasse 15 genutzt
- *20 dwelling units, 6 of them in the attic conversion/extension, 3 category upgrades, 4 flats combined to create 2 larger ones, building with multi-storey street fronts; workshop in courtyard demolished; courtyard cleared out and underground garage built; garage extends to 15 Diehlgasse, courtyard also shared with residents of 15 Diehlgasse*

1050 Wien, Diehlgasse 15

Baujahr/Built in: 1890

Eigentümer/Owner: J. E. Loidold Ges.m.b.H.

Baubetreuer/Project supervisor: Anselm Müller – Muellerdesign

Sockelsanierung, DG-Ausbau/Basic renewal, attic conversion: 7/96–7/02

Gesamtkosten/Total cost: € 1.343.500,00
(Landeszuschuss/Council grant: € 1.123.855,98)

- 10 Wohneinheiten, davon 4 DG-Ausbau/Zubau; 2 Kategorieanhebungen; 2 Wohnungszusammenlegungen auf 1; Hof entkernt (eine alte Werkstatt abgerissen und eine neue adaptiert); Hauptgebäude aufgestockt; Garage erbaut (liegenschaftsübergreifend mit Diehlgasse 11–13); Hof wird ebenfalls gemeinsam mit Diehlgasse 11–13 genutzt
- *10 dwelling units, 4 of them in the attic conversion/extension; 2 category upgrades; 2 flats combined into 1; courtyard cleared out (old workshop demolished and new one adapted); storey added to main building; garage built (extending to Diehlgasse 11–13); courtyard also shared with residents of Diehlgasse 11–13*

1050 Wien, Fendigasse 26, 28, 30

Baujahr/Built in: 1900/1901

Eigentümer/Owner: Adolf und Veronika Hofbauer'sche Stiftung

Baubetreuer/Project supervisor: GESIBA

Sockelsanierung, DG-Ausbau/Basic renewal, attic conversion: 7/98–12/99

Gesamtkosten/Total cost: € 3.274.900,00
(Landeszuschuss/Council grant: € 902.646,06)

- 51 Wohneinheiten, davon 7 DG-Ausbau/Zubau; 3 Geschäftslokale; Stiftungshaus; 7 DG-Wohnungen mit Terrassen (Zugang über Holzstiegen) errichtet; Einbau von 3 Liften; Waschküchen und Grünflächen im Hof
- *51 dwelling units, 7 of them in the attic conversion/extension; 3 business premises: endowment building; 7 attic flats with terraces (access by wooden stairs); 3 lifts installed; laundry rooms and green areas in courtyard*

1060 Wien, Liniengasse 33

Baujahr/Built in: 1910

Eigentümer/Owner: Wabitsch Immobilien

Baubetreuer/Project supervisor: Baumeister Johann Hochstöger

Sockelsanierung/Basic renewal: 10/01–10/03

Gesamtkosten/Total cost: € 4.015.537,46 (Landeszuschuss/Council grant: € 2.460.899,04; Landesdarlehen/Council loan: € 723 203,71)

- 42 Wohneinheiten, davon 17 DG-Ausbau/Zubau; 11 Kategorieanhebungen; 13 Wohnungszusammenlegungen auf 6; 1 Geschäftslokal; Haus in einer Schutzzone, im URBAN-Gebiet sowie in einem erneuerungsdringlichen Zählgebiet und einem erneuerungsbedürftigen Baublock; Nebengebäude und Blechgaragen im Hof abgebrochen; öffentlicher Durchgang von der Hornbostelgasse zur Liniengasse inklusive einer Stiegenanlage zur Überwindung des Niveauunterschieds (ca. 6 m) hergestellt; im Hof eine Tiefgarage errichtet; Hof begrünt
- *42 dwelling units, 17 of them in the attic conversion/extension, 11 category upgrades; 13 flats combined to create 6 larger ones; 1 business premises; building lies in a protected area, in the URBAN zone as well as in a statistical district and a block in*

urgent need of renovation; ancillary buildings and tin garages in courtyard demolished; public right of way created from Hornbostelgasse to Liniengasse, including steps necessitated by change of level (approx. 6 m); underground garage built in the courtyard; planting added in courtyard

1060 Wien, Gumpendorfer Strasse 131

Baujahr/Built in: 1900

Eigentümer/Owner: Franz Anders

Baubetreuer/Project supervisor: A & S Bauconsulting GmbH

Sockelsanierung, DG-Ausbau/Basic renewal, attic conversion: 8/02–6/04

Gesamtkosten/Total cost: € 5.177.500,00
(Landeszuschuss/Council grant: € 3.776.818,50; Landesdarlehen/Council loan: € 1.201.650,00)

- 88 Wohneinheiten, davon 30 DG-Ausbau/Zubau; 40 Kategorieanhebungen; 3 Häuser (Gumpendorfer Straße 131, Hornbostelgasse 8 und 10) wurden gemeinsam saniert; Seitentrakt des Hauses Hornbostelgasse 10 (Hochparterre, 3 Obergeschosse und Pultdach) nach Umsiedlung der Mieter innerhalb des Hauses komplett abgebrochen; entstandene Freifläche gärtnerisch neu gestaltet (Kleinkinderspielplatz) und in die Gestaltung des gemeinsamen Innenhofes integriert; die 3 Liegenschaften zusammengelegt; Belichtung (speziell der Wohnungen der neuen Stiege 2) erheblich verbessert; durch DG-Ausbauten hat sich die Gesamtnutzfläche trotz des vollständigen Abbruchs des Seitentraktes insgesamt erhöht
- *88 dwelling units, 30 of them in the attic conversion/extension; 40 category improvements; 3 buildings jointly rehabilitated (Gumpendorfer Strasse 131, Hornbostelgasse 8 & 10); side wing of Hornbostelgasse 10 (upper ground floor, 3 upper floors and lean-to roof) completely demolished, tenants were moved to other flats in the building; site of demolished building redesigned as play area for small children; quality of light considerably improved (especially for flats on new staircase 2); thanks to attic conversion the total floor area was increased – despite complete demolition of side wing.*

1070 Wien, Mondscheingasse 2

Baujahr/Built in: 1857

Eigentümer/Owner: Mag. Elisabeth Edtmayr

Baubetreuer/Project supervisor: Mag. Elisabeth Edtmayr

Erhaltungsarbeiten/Maintenance work: 9/97–8/99

Gesamtkosten/Total cost: € 482.800,00 (Landeszuschuss/Council grant: € 214.564,80)

1070 Wien, Wimbergergasse 25

Baujahr/Built in: 1883

Eigentümer/Owner: Ludwig und Wilhelmine Riehs'sche-Stiftung

Baubetreuer/Project supervisor: GESIBA

Sockelsanierung/Basic renewal: 9/98–12/99

Gesamtkosten/Total cost: € 1.162.100,00 (Landeszuschuss/Council grant: € 340.850,00)

- Stiftungshaus; Sockelsanierung mit Blocksanierung; Abbruch von Hofgebäuden mit Vergrößerung der Grünflächen; Herstellung eines Sitzplatzes; Schaffung einer behindertengerechten EG-Wohnung
- *Endowment property; basic renewal with block renewal; courtyard buildings demolished thus increasing size of green areas; creation of a sitting area; disabled flat made on ground floor*

1070 Wien, Neubaugasse 54

Baujahr/Built in: 1890

Eigentümer/Owner: Ing. Gustav Just

Baubetreuer/Project supervisor: DI Johannes M. Zeininger

Sockelsanierung/Basic renewal: 11/98–8/00

Gesamtkosten/Total cost: € 955.000,00 (Landeszuschuss/Council grant: € 829.656,25)

- Alt-Wiener Bürgerhaus in Schutzzone; vom schmalen Innenhof aus führen 6 Eingangstüren in die Stiegenhäuser zu 22 Wohnungen; im Hof Asphaltbelag entfernt und Granitpflaster verlegt; nach dem Eintritt durch das Eingangstor befindet man sich in dem geräumigen Gewölbe der Einfahrt
- *Old Viennese townhouse in a protected zone; 6 doors lead from the narrow courtyard to 22 flats; asphalt surface in courtyard replaced by granite paving; once inside the entrance door you find yourself in a spacious vaulted driveway.*

1070 Wien, Lindengasse 14

Baujahr/Built in: 1911

Eigentümer/Owner: Maria Atzlinger

Baubetreuer/Project supervisor: Baumeister Gernot Kern MAS

Sockelsanierung, DG-Ausbau, Lifteinbau/Basic renewal, attic conversion, lift installed: 5/00–1/02

Gesamtkosten/Total cost: € 3.262.065,50 (Landeszuschuss/Council grant: € 2.360.605,14)

- 43 Wohneinheiten, davon 8 DG-Ausbau/Zubau; 15 Kategorieanhebungen; Gründerzeithaus in zentraler Lage mit stark gegliederter Fassade (diese im Zuge der Blocksanierung weiß gestrichen); Gebäude mit Straßen-, Mittel- und Hintertrakt; Verbindungstrakt zwischen dem 2. und 3. Trakt abgezont (dadurch wesentliche Verbesserung der Belüftungs- und Belichtungssituation der beiden Nachbarliegenschaften: Kirchengasse 18 und 20); Hofüberplattung (Einbau einer Garage im EG) durchgeführt; auf dieser Terrassen errichtet
- *43 dwelling units, 8 of them in the attic conversion/extension; 15 category upgrades; centrally located Gründerzeit building with richly articulated façade (painted white in the course of the block renewal); Building consists of street block, centre and rear blocks; connecting wing between the 2nd and 3rd wings dezoned (improving the quality of light and air for the two adjoining properties: Kirchengasse 18 and 20); roof built over courtyard (garage made at ground floor level); terraces made on garage roof*

1070 Wien, Halbgasse 20

Baujahr/Built in: 1900

Eigentümer/Owner: Objektsanierung L.B.V Liegenschaftsverwaltung GmbH & Co. KEG

Baubetreuer/Project supervisor: Arch. Manfred Hoffrichter

Erhaltungsarbeiten/Maintenance works: 11/01–10/02

Gesamtkosten/Total cost: € 571.400,00 (Landeszuschuss/Council grant: € 210.830,40)

- 17 Wohneinheiten
- *17 dwelling units*

1080 Wien, Lenaugasse 19

Baujahr/Built in: 1847

Eigentümer/Owner: Stadt Wien

Baubetreuer/Project supervisor: Stadt Wien (MA 17 V)

Sockelsanierung/Basic renewal: 2/88–5/90

Gesamtkosten/Total cost: € 2.637.587,84 (Landeszuschuss/Council grant: € 3.165.105,41)

- 31 Wohneinheiten, davon 8 DG-Ausbau/Zubau; 13 Kategorieanhebungen
- *31 dwelling units, 8 of them in the attic conversion/extension; 13 category upgrades*

1080 Wien, Lerchenfelder Strasse 156

Baujahr/Built in: 1910

Eigentümer/Owner: Helmut Bacher

Baubetreuer/Project supervisor: A & S Bauconsulting GmbH

Sockelsanierung/Basic renewal: 8/00–2/02

Gesamtkosten/Total cost: € 3.992.300,00
(Landeszuschuss/Council grant: € 2.318.287,39; Landesdarlehen/Council loan: € 26.679,09)

- 50 Wohneinheiten, davon 25 DG-Ausbau/Zubau; 16 Kategorieanhebungen; 9 Wohnungszusammenlegungen auf 4; Innenhof durch Teilabbruch des Nebengebäudes vergrößert; durch Aufstockung weitere Wohneinheiten; Tiefgarage mit 29 Stellplätzen errichtet
- *50 dwelling units, 25 of them in the attic conversion/extension; 16 category upgrades; 9 flats combined to create 4 larger ones; internal courtyard enlarged by demolishing ancillary building; further dwelling units created by addition of a storey; new underground garage with 29 car parking spaces*

1090 Wien, Marktgasse 51

Baujahr/Built in: 1900

Eigentümer/Owner: Dr. Karl Fröstl

Baubetreuer/Project supervisor: Arch. Prof. DI Franz Schmid

Sockelsanierung, DG-Ausbau/Basic renewal, attic conversion: 8/98–6/00

Gesamtkosten/Total cost: € 2.017.200,00 (Landeszuschuss/Council grant: € 1.587.068,42)

- 26 Wohneinheiten, davon 3 DG-Ausbau/Zubau; 16 Kategorieanhebungen; 8 Wohnungszusammenlegungen auf 4; Attikas der historisch interessanten Fassade instandgesetzt (rückverhängt); Stiegenhaus, Türüberbauten und Holzvertäfelungen (in Wohnungen) renoviert; eine Brauchwasserversorgung mit hohem Wiederverwertungsanteil installiert
- *26 dwelling units, 3 of them in the attic conversion/extension; 16 category upgrades; 8 flats combined to create 4 larger ones; roof parapet of historically interesting façade repaired (tied back); staircase, sopraportas and wood panelling (in flats) renovated; new non-potable water supply system with high recycling factor installed*

1090 Wien, Nussdorfer Strasse 88

Baujahr/Built in: 1879

Eigentümer/Owner: Ing. Herbert Atzlinger

Baubetreuer/Project supervisor: Fritz Brandstätter

Totalsanierung/Overall rehabilitation: seit/from 7/03

Gesamtkosten/Total cost: € 3.720.500,00
(Landeszuschuss/Council grant: € 1.376.462,50; Landesdarlehen/Council loan: € 1.224.163,00)

– 41 Wohneinheiten, davon 22 DG-Ausbau/Zubau; 14 Kategorieanhebungen

– *41 dwelling units, 22 of them in the attic conversion/extension; 14 category upgrades*

1100 Wien, Pernerstorfergasse 9

Baujahr/Built in: 1900

Eigentümer/Owner: Wabitsch Immobilien GmbH & Co Obj. III KG

Baubetreuer/Project supervisor: Baumeister Johann Hochstöger

Sockelsanierung/Basic renewal: 10/99–12/00

Gesamtkosten/Total cost: € 2.080.200,00 (Landeszuschuss/Council grant: € 1.684.663,13)

– 26 Wohneinheiten, davon 16 DG-Ausbau/Zubau; 2 Kategorieanhebungen; 16 Wohnungszusammenlegungen auf 8; Vorstadtgründerzeithaus; Eckhaus mit schön gegliederter Fassade; Hofentkernung durchgeführt (Hofgebäude abgerissen und Hof begrünt); Straßentrakt um 3 Geschosse aufgestockt; Anteil an Wohnungsverbesserungen beträgt über 80 %; im Zuge der Blocksanierung wurden behindertengerechte Wohnungen sowie ein behindertengerechter Lift errichtet

– *26 dwelling units, 16 of them in the attic conversion/extension; 2 category upgrades; 16 flats combined to create 8 larger ones; suburban Gründerzeit building; corner building with finely articulated façade; courtyard building demolished, planting added; 3 storeys added to street front block; proportion of improved dwellings over 80 %; in the course of the block renewal disabled flats were made and a disabled lift added*

1100 Wien, Muhrengasse 34

Baujahr/Built in: 1900

Eigentümer/Owner: Familienhilfe Gemeinnützige Bau- und Siedlungsgesellschaft m.b.H.

Baubetreuer/Project supervisor: Arch. Dr. Günther Suske

Sockelsanierung/Block renewal: 3/01–3/03

Gesamtkosten/Total cost: € 236.622,75 (Landeszuschuss/Council grant: € 205.566,01)

– 7 Wohneinheiten, davon 2 Kategorieanhebungen; 2 Wohnungszusammenlegungen auf 1; Projekt umfasst 4 Liegenschaften; in der Muhrengasse 34 und 36 die 2 bestehenden Häuser saniert (Sockelsanierung) und aufgestockt bzw. die Dachböden ausgebaut; in der Inzersdorfer Straße 28 und 30 sowie in der Laxenburger Straße 97 Abbruch des Altbestandes (äußerst schlechter Bauzustand) und 2 Neubauten errichtet; Lager- und Werkstättengebäude im Hof ebenfalls abgerissen; Hof großzügig begrünt und mit Kinderspielplatz und verschiedenen Sitzbereichen gestaltet; da alle Grundstücke dem selben Bauträger gehören, war hinsichtlich der Garage, Fernheizungsanschluss, Hofentkernung, Brauchwasserbrunnen, sozialer Infrastruktur mit gegenseitigen Servituten eine Optimierung möglich.

– *7 dwelling units, of which 2 are category upgrades; 2 flats combined to make 1; the project includes 4 properties; the 2 existing buildings Muhrengasse 34 and 36 were renovated (basic renewal) and a storey added and the attics converted; on Inzersdorfer Strasse 28 and 30 as well as Laxenburger Strasse 97 the old buildings (in a particularly run-down condition) were demolished and 2 new buildings erected, warehouse and workshop building in courtyard also demolished; courtyard lavishly planted and children's play area and various sitting areas added; as all sites belong to the same developer it was possible to optimise the garage layout, connection to the district heating system, clearing out of the courtyard, non-potable water supply and the social infrastructure with mutual easements.*

1100 Wien, Antonsplatz 21

Baujahr/Built in: 1899

Eigentümer/Owner: Römisch-katholische Pfarrpfründe St. Anton von Padua in Favoriten

Baubetreuer/Project supervisor: Zivilingenieur f. Hochbau DI Josef Klener

Sockelsanierung/Basic renewal: 8/02–11/03

Gesamtkosten/Total cost: € 911.100,00
(Landeszuschuss/Council grant: € 748.240,80; Landesdarlehen/Council loan: € 227.775,00)

– 10 Wohneinheiten, davon 5 Kategorieanhebungen; 6 Wohnungszusammenlegungen auf 5

– 10 dwelling units, of which 5 are category upgrades; 6 flats combined to create 5 larger ones

1110 Wien, Strindberggasse 1+2

Baujahr/Built in: 1930

Eigentümer/Owner: Stadt Wien – Wiener Wohnen

Baubetreuer/Project supervisor: DI Peter Pazmandy

Sockelsanierung/Basic renewal: 3/95–1/99

Gesamtkosten/Total cost: € 16.638.700,00 (Landeszuschuss/Council grant: € 13.765.870,31)

– 463 Wohneinheiten, davon 53 Kategorieanhebungen; 74 Wohnungszusammenlegungen auf 36; „Strindberghof" (rund 500 Wohnungen auf 32 Stiegen); neuer Kindergarten im Hofbereich errichtet und neue Freiflächen für Kleinkinder geschaffen; parallel dazu die Grüngestaltung des fußballfeldgroßen Innenhofes neu strukturiert (neuer eigener Bereich für ältere Menschen)

– 463 dwelling units, of which 53 are category upgrades; 74 flats combined to make 36 larger ones; "Strindberghof" (around 500 flats on 32 staircases); new nursery school erected in the courtyard area, new outdoor areas for small children made, parallel to this the planted internal courtyard – the size of a football field – was reorganized (separate area made for elderly people)

1110 Wien, Kaiserebersdorfer Strasse 65

Baujahr/Built in: 1898

Eigentümer/Owner: Österreichisches Hilfswerk für Taubblinde und hochgradig Hör- und Sehbehinderte

Baubetreuer/Project supervisor: Arch. DI Eleonore Kleindienst

Totalsanierung/Overall rehabilitation: 4/00–5/01

Gesamtkosten/Total cost: € 1.234.348,09 (Landeszuschuss/Council grant: € 537.776,57)

– Eigentümer hat von der Stadt Wien (für 100 Jahre) das Baurecht erhalten; Umbau eines leer stehenden, ehemaligen Schulgebäudes zu einem Wohn- und Pflegeheim für Geistig- und Mehrfachbehinderte; Aufstockung und DG-Ausbau; in 2 Ebenen eine Wohngemeinschaft sowie eine Pflegestation eingerichtet; Lift für Krankentransporte eingebaut; Grünfläche der Nachbarliegenschaft (Hauptschule) wird von den Behinderten gemeinsam mit den Schülern genutzt

– The owner was granted the building rights by the City of Vienna (for 100 years); conversion of an empty former school building into a residential and nursing home for people with mental and multiple disabilities; attic conversion and addition of a storey; residential community with nursing station established on two floors; lift for transporting the sick installed; green area of the neighbouring property (school) used jointly by the schoolchildren and disabled persons

1110 Wien, Drischützgasse 6

Baujahr/Built in: 1898
Eigentümer/Owner: Walter Kirschner
Baubetreuer/Project supervisor: Aspekt Bauplanung u. Bauprojekt-Management
Erhaltungsarbeiten/Maintenance works: 7/03–6/04
Gesamtkosten/Total cost: € 410.900,00 (Landeszuschuss/Council grant: € 148.352,00)

1120 Wien, Rauchgasse 31

Baujahr/Built in: 1975
Eigentümer/Owner: Evangelische Kirche in Österreich
Baubetreuer/Project supervisor: Baumeister Alois Lukas
Thermische Sanierung/Thermal renovation: 10/01–10/02
Gesamtkosten/Total cost: € 186.100,00 (Landeszuschuss: € 62.033,00)

- 15 Wohneinheiten, davon 1 DG-Ausbau/Zubau
- *15 dwelling units, 1 of which is in the attic conversion/extension*

1140 Wien, Penzinger Strasse 150–166

Baujahr/Built in: 1928
Eigentümer/Owner: Stadt Wien – Wiener Wohnen
Baubetreuer/Project supervisor: Arch. DI Jörg Riesenhuber
Sockelsanierung, DG-Ausbau/Basic renewal, attic conversion: 5/97–5/00
Gesamtkosten/Total cost: € 14.303.000,00 (Landeszuschuss/Council grant: € 10.122.305,61)

- 317 Wohneinheiten, davon 44 Kategorieanhebungen; 22 Wohnungszusammenlegungen auf 11; Gemeindebau mit 4 Höfen; durchgreifende Sanierung der gesamten Wohnhausanlage inklusive 21 Lifteinbauten und DG-Ausbau; Umnutzung der denkmalgeschützten ehemaligen Arbeiterbibliothek (Vorschläge der Bewohner u. a.: Totalabriss für eine Supermarktkette, Tiefgarage, Wiederbelebung der ursprünglichen Funktion) zu einem kleinen Kindertagesheim mit einem darüber befindlichen Kriseninterventionszentrum der MA 11 (Wohnheim für schwer erziehbare Kinder) inklusive einer sozialpädagogischen Beratungsstelle sowie einem Jugendaufenthaltsraum; Freifläche zwischen dem neuen und dem bereits bestehenden Kindertagesheim nun Spielfläche für alle Kinder der Anlage; Hof intensiv begrünt; durch Bewohnergarage (Palettengarage) die angespannte Stellplatzsituation entschärft
- *317 dwelling units of which 44 are category upgrades; 22 flats combined to create 11 larger ones; council housing block with 4 courtyards; comprehensive renovation of the entire complex including installation of 21 lifts and conversion of the attic; re-planning of former workers' library (suggestions by the residents included total demolition for a supermarket branch, underground garage, revival of the original function) as a small children's day care centre with a crisis intervention centre of the MA 11 (home for problem children) including a socio-pedagogical advice centre as well as youth space; open space between the new and existing children's day care centre is now a play area for all the children in the complex; courtyard extensively planted; parking difficulties alleviated by constructing a residents' garage (stacked parking garage)*

1140 Wien, Fenzlgasse 65–67

Baujahr/Built in: 1907

Eigentümer/Owner: Wiener Linien GmbH & Co KG

Baubetreuer/Project supervisor: DI Dr. techn. Stephan Fuld

Sockelsanierung, DG-Ausbau, Fernwärmeanschluss/
Basic renewal, attic conversion, connection to district heating system: 6/01–12/02

Gesamtkosten/Total cost: € 4.474.456,94
(Landeszuschuss/Council grant: € 3.801.311,63; Landesdarlehen/Council loan: € 103.950,00)

- 84 Wohneinheiten, davon 11 DG-Ausbau/Zubau; 15 Kategorieanhebungen; 13 Wohnungszusammenlegungen auf 8; Straßenfassade (sehr abgewittert, wurde mit bestehender Gliederung instandgesetzt) unter Denkmalschutz; Erneuerung der speziellen Holzkastenfenster; Instandsetzung des Dachstuhls; Ausbau des gesamten DG (aufgrund der Denkmalamt-Auflagen das straßenseitige Dach im Umriss erhalten, hofseitig das Dach aufgeklappt, Terrassen errichtet); Lifteinbau oder -zubau in jedem der 5 Stiegenhäuser; hofseitige Fassaden und Feuermauern mit Vollwärmeschutz versehen; Wärmeschutzfenster eingebaut; beide Innenhöfe gärtnerisch gestaltet und Sitzplätze errichtet
- *84 dwelling units, 11 of them in the attic conversion/extension; 15 category upgrades; 13 flats combined to make 8; street façade (badly weathered, was renovated preserving existing ornament) is under a preservation order; renovation of the special timber double windows; renovation of the roof trusses; conversion of the entire attic space (due to restrictions imposed by the conservation body outline of roof on street front preserved, on the courtyard side roof opened up and terraces made); lifts fitted in or added to each of the five staircases; full thermal insulation to courtyard façades and firewalls; thermal insulation windows fitted; both courtyards landscaped, sitting areas made*

1150 Wien, Pelzgasse 5

Baujahr/Built in: 1900

Eigentümer/Owner: ACH Vermögensverwaltungs- u. Beteiligungs-GmbH

Baubetreuer/Project supervisor: Arch. DI Markus Masser

Sockelsanierung, DG-Ausbau/Basic renewal, attic conversion: 1/99–11/01

Gesamtkosten/Total cost: € 1.126.000,00
(Landeszuschuss/Council grant: € 632.131,27; Landesdarlehen/Council loan: € 18.110,67)

- 7 Wohneinheiten, davon 2 DG-Ausbau/Zubau; 1 Kategorieanhebungen; 5 Wohnungszusammenlegungen auf 3, Gebäude mit schöner Fassade; DG-Wohnungen mit hofseitigen Terrassen errichtet; Mietergarten angelegt; Dachbegrünung auf der Garage
- *7 dwelling units, 2 of them in the attic conversion/extension; 1 category upgrade; 5 flats combined to make 3 larger ones; building with fine façade; attic level flats with terraces on courtyard side; tenants' garden laid out; planting to garage roof*

1150 Wien, Herklotzgasse 25

Baujahr/Built in: 1900

Eigentümer/Owner: Wabitsch Immobilien GmbH & Co Obj. III KG

Baubetreuer/Project supervisor: Kronreif & Partner

Sockelsanierung/Basic renewal: 5/03–6/04

Gesamtkosten/Total cost: € 1.831.800,00
(Landeszuschuss/Council grant: € 1.316.355,60; Landesdarlehen/Council loan: € 384.250,00)

- 23 Wohneinheiten, davon 5 DG-Ausbau/Zubau; 11 Kategorieanhebungen; 7 Wohnungszusammenlegungen auf 3, Hofgebäude komplett abgebrochen und ein Seitentrakt um mehr als die Hälfte seiner Höhe reduziert (auf 2 Ebenen sind so Grünflächen entstanden, die teilweise den Wohnungen zuge-

ordnet sind, teilweise allen Bewohnern offen stehen); im Hofbereich 2 neue Maisonette-Wohnungen mit direktem Zugang zum Hof (insgesamt 23 Wohnungen); Architekturdetails wie Loggien aus Glas und ungewöhnliche Fensterformate kontrastieren mit der wieder hergestellten historischen Straßenfassade

– *23 dwelling units, 5 of them in the attic conversion/extension; 11 category upgrades; 7 flats combined to make 3 larger ones; courtyard building completely demolished and side wing reduced to less than half its original height (thus creating green areas on 2 levels, some allotted to the flats, some accessible to all residents); in courtyard 2 new maisonettes with direct access to courtyard (total 23 flats); architectural details such as glass loggias and unusual window proportions contrast with renovated historic street façade*

1160 Wien, Panikengasse 26

Baujahr/Built in: 1900

Eigentümer/Owner: Mag. Christine Kickert

Baubetreuer/Project supervisor: Arch. DI Klaus Rainer

Sockelsanierung, DG-Ausbau/Basic renewal, attic conversion: 3/99–11/00

Gesamtkosten/Total cost: € 685.700,00
(Landeszuschuss/Council grant: € 501.860,99; Landesdarlehen/Council loan: € 23.842,87)

– 6 Wohneinheiten, davon 2 DG-Ausbau/Zubau; 2 Kategorieanhebungen; 3 Wohnungszusammenlegungen auf 1; 1 Geschäftslokal; ehemaliges Fuhrwerkerhaus im Bereich der Ottakringer Brauerei; im Hof eine ehemalige alte Schmiede (aus Sicht der Denkmalpflege historisch interessant, Unterschutzstellung erwogen, schließlich eine Werkstatt mit Glasfassade geschaffen); Hof begrünt; das alte Tor (mit neuer Schiebekonstruktion) wieder verwendet; Erscheinungsbild der Straßenfassade u. a. durch Gaupenkonstruktionen optisch sehr ansprechend; Objekt liegt in einem erneuerungsdringlichen Zählgebiet, in einem erneuerungsbedürftigen Baublock

– *6 dwelling units, 2 of them in attic conversion/extension; 2 category upgrades; 3 flats combined to make 1; 1 business premises; former carter's-house in vicinity of Ottakring Brewery; old former smithy in courtyard (historically interesting to conservationists, consideration given to placing it under a protection order, in the end a workshop with glass façade was made); courtyard planted; the old entrance gates (with new sliding mechanism) re-used; street façade very visually appealing thanks to dormer windows etc.; building lies in statistical district in urgent need of renewal, in a block equally badly in need of renovation*

1160 Wien, Habichergasse 48

Baujahr/Built in: 1900

Eigentümer/Owner: Nikolaus Olischar

Baubetreuer/Project supervisor: WVG-Bautechnik

Sockelsanierung/Basic renewal: 3/00–7/00

Gesamtkosten/Total cost: € 990.385,39 (Landeszuschuss/Council grant: € 699.527,55)

– 18 Wohneinheiten, davon 5 DG-Ausbau/Zubau; 1 Kategorieanhebung; 4 Wohnungszusammenlegungen auf 2; Wohnhaus mit ursprünglich unattraktiven Wohnungen; durch Sockelsanierung, DG-Ausbau und kleine Blocksanierung die Wohnsituation (Nutzung der Wohnfläche) wesentlich verbessert; Hofgebäude (ursprünglich desolat) architektonisch interessant; Strukturverbesserung und bessere Belichtung und Belüftung der Liegenschaft durch Abbruch des gesamten Hintertraktes (3-geschossig) und ersatzweisen Neubau (2-geschossig); Objekt befindet sich in einem erneuerungsdringlichen Zählgebiet, im URBAN-Gebiet

– *18 dwelling units, 5 of them in the attic conversion/extension; 1 category upgrade; 4 flats combined to make 2 larger ones; original house had unattractive flats: through basic renewal, attic conversion and small block renewal the situation has been significantly improved (better utilisation of floor area); courtyard building (originally run-down) of architectural interest; improvement to overall structure, increased amount of light and air through demolition of the entire 3-storey rear wing and construction of a new 2-storey building; the building is located in a statistical district in urgent need of rehabilitation*

1180 Wien, Antonigasse 92

Baujahr/Built in: 1900

Eigentümer/Owner: DDr. Meinhard Ciresa

Baubetreuer/Project supervisor: –

Blocksanierung/Block renewal: 9/00–11/00

Gesamtkosten/Total cost: € 26.663,66 (Landeszuschuss/Council grant: € 26.663,66)

- Abbruch eines Hofgebäudes ohne weitere Sanierungsmaßnahmen; Hofgestaltung erfolgte mit Eigenmitteln
- *Demolition of a building in the courtyard without further renovation measures; design of courtyard financed privately*

1180 Wien, Währinger Gürtel 61

Baujahr/Built in: 1881

Eigentümer/Owner: Hitzinger Ges.m.b.H.

Baubetreuer/Project supervisor: Arch. DI Werner Peters

Sockelsanierung, DG-Ausbau, Lifteinbau/Basic renewal, attic conversion, lift: 10/00–8/03

Gesamtkosten/Total cost: € 1.324.607,75 (Landezuschuss/Council grant: € 1.014.240,97)

- 20 Wohneinheiten, davon 3 DG-Ausbau/Zubau; 7 Kategorieanhebungen; alle Fassaden erneuert, fast alle Wohnungen saniert und auf Kategorie A angehoben; Pultdach des Seitentraktes zur Nachbarliegenschaft (Währinger Gürtel 59) wird (5 m) abgetragen; dieser Abbruch sowie der DG-Ausbau (straßenseitig) durch Blocksonderförderung finanziert
- *20 dwelling units, 3 of them in the attic conversion/extension; 7 category upgrades; all façades renovated; almost all apartments refurbished and upgraded to category A; mono-pitch roof of side wing to neighbouring property (Währinger Gürtel 59) taken down (5 metres); this demolition as well as the attic conversion (street front) financed by special block grant*

1190 Wien, Ruthgasse 21

Baujahr/Built in: 1908

Eigentümer/Owner: DI Gerd Chiari

Baubetreuer/Project supervisor: Zivilingenieur f. Hochbau DI Josef Mayer, Arch. DI Hamid Golabi

Totalsanierung/Overall rehabilitation: 6/89–5/90

Gesamtkosten/Total cost: € 2.322.405,76 (Landeszuschuss/Council grant: € 1.348.153,75)

- 30 Wohneinheiten, davon 5 DG-Ausbau/Zubau; 25 Kategorieanhebungen; Umbau eines streng gegliederten und in Ziegelbauweise errichteten Industriegebäudes (mit relativ hohen Geschosshöhen und zum Teil neugotischen Stilelementen) in eine Wohnhaus-Eigentumsanlage in der relativ verkehrsreichen Ruthgasse; das hohe Lichtraumprofil musste für die Nutzung als Wohneinheiten mit untergehängten Decken adaptiert werden; die vorhandenen Industriedecken sowie die insgesamt sehr gut erhaltene Bausubstanz ermöglichten eine relativ kostengünstige Sanierung, weil die Installationen in den Deckenhohlräumen frei geführt werden konnten
- *30 dwelling units, 5 of them in attic conversion/extension; 25 category upgrades; conversion of a strictly articulated brick industrial building (with relatively high storey heights and some neo-Gothic elements) into an owner-occupied housing complex on relatively busy Ruthgasse; the high cross-sectional area was adapted for use as flats by inserting suspended slabs; the existing industrial ceilings as well as the generally well-preserved building substance allowed relatively economic rehabilitation, as the services could be laid in the void between the old and new ceiling slabs.*

1200 Wien, Othmargasse 9

Baujahr/Built in: 1891

Eigentümer/Owner: „LVS" Liegenschaftsverwertungs-, -entwicklungs- und -sanierungs Gesellschaft

Baubetreuer/Project supervisor: Arch. DI Dr. Christoph Riccabona

Sockelsanierung, Aufstockung, DG-Ausbau/Basic renewal, addition of storey, attic conversion: 8/96–1/98

Gesamtkosten/Total cost: € 1.920.815,68 (Landeszuschuss/Council grant: € 1.327.187,63)

- 27 Wohneinheiten, davon 6 DG-Ausbau/Zubau; 6 Kategorieanhebungen; 23 Wohnungszusammenlegungen auf 12; Gründerzeithaus mit harmonischer Fassade im Altbaubereich; Aufstockung und DG-Ausbau mit beeindruckender Gestaltung des Übergangs von Alt- zu Neubau (besonders die Ecklösung Othmargasse/Treustraße); Maisonettewohnungen errichtet; Hofbereich praktisch und zweckmäßig gestaltet; ausgezeichnet mit dem 3. Platz des Stadterneuerungspreises 1998
- *27 dwelling units, 6 of them in attic conversion/extension; 6 category upgrades; 23 flats combined to make 12 larger ones; Gründerzeit building with harmonious façade; addition of storey and attic conversion with impressive design of transition from old to new (particularly corner solution Othmargasse/Treustrasse); maisonette flats built; courtyard functionally laid out; awarded 3rd prize in the City Renewal Awards 1998*

1200 Wien, Klosterneuburger Strasse 113–117

Baujahr/Built in: 1911

Eigentümer/Owner: Gemeinnützige Allgemeine Bau-, Wohn- und Siedlungsgenossenschaft reg.Gen.m.b.H.

Baubetreuer/Project supervisor: GSD Ges. für Stadt- u. Dorferneuerung

Sockelsanierung/Basic renewal: seit/from 12/02

Gesamtkosten/Total cost: € 11.673.500,00
(Landeszuschuss/Council grant: € 9.264.367,70; Landesdarlehen/Council loan: € 2.823.300 00)

- 178 Wohneinheiten, davon 24 DG-Ausbau/Zubau; 74 Kategorieanhebungen; 20 Wohnungszusammenlegungen auf 10; Gründerzeithaus mit derzeit 11 Stiegen und 180 Wohneinheiten (Randbebauung zur Klosterneuburger Straße und zur Brigittenauer Lände); Hofgebäude v-förmig konzipiert; Zugang zu den Stiegenhäusern erfolgt über die Durchgänge Klosterneuburger Straße bzw. Brigittenauer Lände; Objekt durch Sockelsanierung mit DG-Ausbau und einem Teilabbruch auf technisch und optisch zeitgemäßen hohen Standard modernisiert; Abbruch der Stiege 6 und Teile der Stiegen 5 und 7 (Errichtung eines Verbindungsbaus zwischen den Stiegen 5 und 7)
- *178 dwelling units, 24 of them in attic conversion/extension; 74 category upgrades; 20 flats combined to create 10 larger ones; Gründerzeit building with at present 11 staircases and 180 dwelling units (perimeter development along Klosterneuburger Strasse and Brigittenauer Lände); building modernised to high technical and visual standard by basic renewal with attic conversion and partial demolition; demolition of staircase 6 and parts of staircase 5 and 7 (erection of connecting building between staircases 5 and 7)*

1210 Wien, Gerichtsgasse 7–9

Baujahr/Built in: 1911

Eigentümer/Owner: Gemeinnützige Allgemeine Bau-, Wohn- und Siedlungsgenossenschaft

Baubetreuer/Project supervisor: Werkstatt Wien

Sockelsanierung, DG-Ausbau/Basic renewal, attic conversion: 11/99–12/01

Gesamtkosten/Total cost: € 11.834.800,00
(Landeszuschuss/Council grant: € 7.640.896,58; Landesdarlehen/Council loan: € 635.621,94)

- 228 Wohneinheiten, davon 39 DG-Ausbau/Zubau; 108 Kategorieanhebungen, 22 Wohnungszusammenlegungen auf 11; im Innenhof eine extensive Begrünung durchgeführt; DG-Wohnungen mit großen Terrassen; Fernwärmeanschluss; Aufzüge in alle Stiegenhäuser eingebaut
- *228 dwelling units, 39 of them in attic conversion/extension; 108 category upgrades; 22 flats combined to create 11 larger ones; extensive planting carried out in internal courtyard; attic level flats have large terraces; connected to district heating system; lifts installed in all staircases*

1220 Wien, Schiffmühlenstrasse 45

Baujahr/Built in: 1900

Eigentümer/Owner: Hubert Nöbauer

Baubetreuer/Project supervisor: Immobilienkanzlei Vrtala

Sockelsanierung/Basic renewal: 4/98–10/99

Gesamtkosten/Total cost: € 916.300,00 (Landeszuschuss/Council grant: € 674.684,00)

- 13 Wohneinheiten, davon 1 DG-Ausbau/Zubau; 13 Kategorieanhebungen; 5 Wohnungszusammenlegungen auf 2
- *13 dwelling units, 1 of them in attic conversion/extension; 13 category upgrades; 5 flats combined to create 2 larger ones*

1230 Wien, Endresstrasse 59

Baujahr/Built in: 1890

Eigentümer/Owner: Verein „Gemeinsam Wohnen – Christlich Leben"

Baubetreuer/Project supervisor: Arch. DI Manfred Rapf

Totalsanierung/Overall rehabilitation: 9/94–12/96

Gesamtkosten/Total cost: € 2.817.307,76 (Landeszuschuss/Council grant: € 1.799.100,60)

- Sehr großes, unter Denkmalschutz stehendes Gründerzeithaus (Frauenkloster bis in die Zwischenkriegszeit); Sanierung vom Eigentümer durchgeführt; aufwendige Stützmauerkonstruktion hinter dem Haus errichtet, da das Gebäude auf ansteigendem Gelände steht
- *Very large Gründerzeit building under a preservation order (formerly a convent until the interwar period); refurbishment carried out by owner; costly retaining walls erected behind building as site rises to the rear*

1230 Wien, Pülslgasse 6

Baujahr/Built in: 1890

Eigentümer/Owner: Ing. Otto Fabesch

Baubetreuer/Project supervisor: FBG Fabesch BaugesmbH.

Sockelsanierung, DG-Ausbau/Basic renewal, attic conversion: 5/03–3/04

Gesamtkosten/Total cost: € 531.400,00
(Landeszuschuss/Council grant: € 344.618,70; Landesdarlehen/Council loan: € 168.900,00)

- 8 Wohneinheiten, davon 2 DG-Ausbau/Zubau; 3 Kategorieanhebungen; 4 Wohnungszusammenlegungen auf 2, 1 Geschäftslokal; komplette Horizontalabdichtung im EG (da Liegenschaft nicht unterkellert); beide Hofgebäude abgebrochen; hofseitig in Form eines „Zubaues" (lediglich eine Nutzflächenvergrößerung der Wohnungen, kein Zubau mit eigenständigen Wohneinheiten) über EG und 1. Stock eine Wohnraumvergrößerung geschaffen; beide Wohneinheiten im ausgebauten DG können das so entstandene Flachdach als Terrasse nutzen
- *8 dwelling units, 2 of them in attic conversion/extension; 3 category upgrades; 4 flats combined to make 2 larger ones; 1 business premises; complete horizontal damp-proof course laid on ground floor (building has no basement); both courtyard buildings demolished; an "extension" in courtyard (flats merely increased in size, not a new building with independent flats) allowed residential area on ground and first floor to be increased; both dwellings in converted attic can use the flat roof to this extension as a terrace*

DANKSAGUNG

Der Autor dankt den im Buch interviewten Personen sowie
Thomas Landgraf, Christian Schantl, dem Wiener Bodenbereitstellungs- und
Stadterneuerungsfonds (WBSF) und Otto Hadwiger,
die maßgeblich zum Zustandekommen des Buches beigetragen haben.

ACKNOWLEDGEMENTS

The author wishes to thank all the persons interviewed in this book as well as
Thomas Landgraf, Christian Schantl, the Vienna Land Procurement and
Urban Renewal Fund (WBSF) and Otto Hadwiger,
all of whom made a significant contribution to the materialization of the book.

Bildnachweis

Abbildungen, die nicht von Harald Eisenberger stammen

Wolfgang Förster: 18/19, 23
Gemeinnützige Siedlungs- und Bau AG (GESIBA): 129 u., 130, 131 o., 132 u.
IMAGNO/Austrian Archives: 11
JRSS: 116/117 u., Umschlag (hinten o.)
Magistrat der Stadt Wien, MA 18: 16/17, 20, 21
Markus Masser: 138 M.
media wien: 65
Wiener Bodenbereitstellungs- und Stadterneuerungsfonds (WBSF):
7, 128 (3), 129 o., M., 131 u., 132 o., 134 (2), 136 (2), 137 (3), 138 o. (2), u., 139 (2), 141 (2), 142
Wiener Stadt- und Landesbibliothek, Plakatsammlung: 12
Wiener Stadt- und Landesarchiv: 13

Die Deutsche Bibliothek –
CIP-Einheitsaufnahme
Ein Titelsatz für diese Publikation ist bei
Der Deutschen Bibliothek erhältlich.

1. Auflage
Graphische Gestaltung und technische Betreuung: Franz Hanns
Lektorat: Andreas Deppe
Reprographie: REPROBRÜLL, Saalfelden
Druck und Bindung: Gorenjski Tisk, Kranj

ISBN 3-85498-381-6

Christian Brandstätter
Verlagsgesellschaft m.b.H.
A-1015 Wien, Schwarzenbergstraße 5
Telephon (+43-1) 512 15 43-0
Telefax (+43-1) 512 15 43-231
E-Mail: cbv@oebv.co.at
www.brandstaetter-verlag.at

Picture credits

Illustrations that were not produced by Harald Eisenberger

Wolfgang Förster: 18/19, 23
Gemeinnützige Siedlungs- und Bau AG (GESIBA):
129 below, 130, 131 above, 132 below
IMAGNO/Austrian Archives: 11
JRSS: 116/117 below, dust jacket (back, above)
Vienna City Administration, Municipal Department 18, Urban Development and Planning: 16/17, 20, 21
Markus Masser: 138 middle
media wien: 65
Vienna Land Procurement and Urban Renewal Fund (WBSF):
7, 128 (3), 129 above, middle, 131 below, 132 above, 134 (2), 136 (2), 137 (3), 138 above (2), below, 139 (2), 141 (2), 142
Vienna City Library, poster collection: 12
Vienna City Archives: 13

Die Deutsche Bibliothek –
Cataloguing in Publication Data
The Deutsche Bibliothek lists this publication
in the Deutsche Nationalbibliographie.

1st Edition
Graphic design and technical supervision: Franz Hanns
Editorial direction: Andreas Deppe
Reprographics: REPROBRÜLL, Saalfelden
Printed and bound by: Gorenjski Tisk, Kranj

ISBN 3-85498-381-6

Christian Brandstätter
Verlagsgesellschaft m.b.H.
A-1015 Wien, Schwarzenbergstraße 5
Telephone: (+43-1) 512 15 43-0
Telefax: (+43-1) 512 15 43-231
Email: cbv@oebv.co.at
www.brandstaetter-verlag.at